BRENDAN LEONARD

Ich hasse Laufen, und du kannst das auch

GOLDMANN

BRENDAN LEONARD

ICH HASSE LAUFEN, UND DU KANNST DAS AUCH

Wie du es trotzdem für dich entdeckst, dranbleibst und vielleicht sogar lieben lernst (manchmal)

Aus dem amerikanischen Englisch
von Bettina Spangler

GOLDMANN

Die amerikanische Originalausgabe erschien 2021 unter dem Titel
»I HATE RUNNING AND YOU CAN TOO: How to Get Started, Keep Going,
and Make Sense of an Irrational Passion« bei Artisan Books,
einem Imprint von Workman Publishing Co., Inc., New York.

FSC www.fsc.org MIX Papier | Fördert gute Waldnutzung FSC® C004378

Penguin Random House Verlagsgruppe FSC® N001967

1. Auflage
Deutsche Erstausgabe Dezember 2022

Illustrationen: Brendan Leonard
Umschlag: Uno Werbeagentur, München, nach einer Gestaltung von Suet Chong
Umschlagmotiv: Wayhome Studio/Shutterstock, Inc.
Redaktion: Dagmar Rosenberger
Satz: Satzwerk Huber, Germering
Druck und Bindung: PBtisk, a.s., Pribam
Printed in Czech Republic
KW · IH
ISBN 978-3-442-17962-6

FÜR ALLE, DIE WISSEN WOLLEN,
OB SIE ES NOCH EIN
STÜCKCHEN WEITER SCHAFFEN.

INHALT

EINLEITUNG

ES IST KOMPLIZIERT

Ich hasse Laufen. Eigentlich sogar ziemlich oft. In der Regel drei bis vier Mal pro Woche.

Laufen ist nicht immer gleich schlimm – es gibt diese kurzen Momente, da genieße ich es sogar. Wenn ich es hinter mir habe zum Beispiel. Dann finde ich es gut, gelaufen zu sein. Es gibt nur so viele Dinge, die ich einfach lieber mache. Pizzaessen zum Beispiel oder ein Nickerchen machen.

Ich hasse das Laufen über Dutzende von Kilometern, Woche für Woche, über Tausende von Kilometern, Jahr für Jahr. Ich hasse die fünf Kilometer durch den Park bei mir ums Eck jeden Dienstag nach der Arbeit, ich hasse die 42 Kilometer beim New York City Marathon, ich habe die 160 Kilometer durch die Berge von North Carolina gehasst, genauso wie die Läufe durch Wyoming und Colorado.

Ich bin kein Profiläufer, nicht mal ein eingefleischter, langjähriger Hobbyläufer. Tatsächlich habe ich das Laufen erst mit Mitte 30 quasi wiederentdeckt, aus reiner Neugier auf den Ultramarathon. Als Outdoor- und Abenteuerjournalist hatte ich sehr viel Zeit in den Bergen verbracht und alle möglichen Sportarten ausprobiert – Bergsteigen, Tourengehen, Klettern, Rucksackreisen, Radfahren, Wandern, Bikepacking und Wildwasser-Rafting –, aber mit Traillaufen war ich bislang kaum in Berührung gekommen. Natürlich hatte ich davon gehört, dass manche über die übliche Marathonstrecke hinaus laufen – 50 Kilometer, 100 Kilometer, sogar 150 Kilometer und mehr. Immer wieder ertappte ich mich bei der Überlegung, ob ich das auch schaffen könnte.

Während meiner Zeit im Leichtathletikteam der Highschool war ich die totale Niete bei Strecken über 200 Meter. Nachdem ich mich einige Male an 400-Meter-Sprints versucht hatte, wo ich jedes Mal dachte, ich müsste gleich meine Lunge auskotzen, erklärte ich meinem Trainer, ich sei nicht für Langstreckenläufe geschaffen. Von da an ging ich nur noch bei Rennen von maximal 200 Metern an den Start. Nach meinem Highschoolabschluss gab ich das Laufen mehr oder weniger ganz auf und stieg auf Kettenrauchen um. Sechs Jahre lang qualmte ich wie ein Schlot, jeden Tag eine Packung. Keine gute Idee, wie sich im Nachhinein rausstellte. Mit 26 dämmerte mir, dass ich dringend mit dem Rauchen aufhören musste. Also meldete ich mich für einen Marathon an, weil ich dachte, das würde mich automatisch dazu bringen, die Finger von den Kippen zu lassen. Immerhin musste ich für die 42 Kilometer trainieren. Und tatsächlich, es klappte. Ich brachte den Marathon hinter mich und belohnte mich dafür mit einer neunjährigen Pause von allem, was mit regelmäßigem Laufen zu tun hatte. Ich war aber weiterhin aktiv und ging allen möglichen anderen Outdoor-Aktivitäten nach, darunter auch gelegentliche Trailläufe, bis es mich 2015 plötzlich wieder in den Füßen zu jucken begann. Immer wieder überlegte ich, ob ich wohl einen Ultramarathon schaffen würde. Ich wollte es wissen und meldete mich für einen 50-Kilometer-Lauf an. Bei 40 Kilometern war ich kurz davor, das Handtuch zu werfen, weil ich höllische Schmerzen im linken Knie hatte. Aber ich konnte immerhin noch gehen, also massierte ich mein Läuferknie, trabte langsam weiter und schaffte es zu guter Letzt doch noch über die Ziellinie. Und nicht mal zwei Jahre später nahm ich an einem Hundert-Meilen-Lauf (das sind etwa 160 km) teil, den ich ebenfalls meisterte, wenn auch mit Hängen und Würgen.

Seither bin ich Dutzende von Ultramarathons und Marathons gelaufen und habe mehrere Tausend Kilometer Strecke gemacht. Ich habe mich mit den verschiedenen Arten des Laufens befasst, von den kurzen, einsamen Feierabendrunden unter der Woche über den New York City Marathon mit 53 000 Teilnehmern bis hin zum Hundert-Meilen-Elendslauf über steinige Bergpfade. Ich packe es an wie alles, was etwas Zeit und Mühe erfordert, und ich spreche zu jeder sich mir bietenden Gelegenheit vor Publikum über die Parallelen zwischen Arbeit und Laufen. Dabei schwöre ich meine Zuhörer darauf ein, dass es überhaupt kein Beinbruch ist, eine Abneigung gegen das Laufen zu haben – weil es mir nicht anders geht: Ich hasse es.

Jetzt stellt sich vielleicht manch einer die Frage: Warum freiwillig etwas tun, das man hasst? Und das auch noch regelmäßig? Eine mehr als berechtigte Frage. Ich schätze, als Erwachsener musste ich mir irgendwann eingestehen, dass es für meine körperliche und seelische Gesundheit nicht ohne regelmäßige Bewegung geht. Laufen schien mir da die beste Option. Ja, ich hasse es, zumindest meistens, aber bei jedem Lauf ertappe ich mich immerhin flüchtig bei dem Gedanken, dass es doch gar nicht so übel ist.

Der eine oder andere mag denken: Was ist dieser Typ für ein kranker Masochist? Wenn ich meinem Sitznachbarn im Flieger erzählen würde, wie oft ich laufe, und der würde darauf kontern mit »Was für ein Scheißhobby«, würde ich ihm sogar recht geben. Weil ich im Grunde nicht anders denke.

Bei jedem Rennen, das ich mitgelaufen bin, ist mir allerdings eines aufgefallen: Erstaunlich viele Menschen laufen. Sind das wirklich alles kranke Masochisten? Ein kleiner Funke Wahrheit mag wohl dran sein, aber das allein ist es nicht. Wir alle laufen unterschiedlich schnell, sind verschieden gebaut und unterschiedlich groß, aber eines haben wir gemeinsam: Nämlich dieses Jucken, das wir bekämpfen, indem wir laufen. Ich kann bestimmt nicht für alle Läufer dieser Erde sprechen, aber eins kann ich für mich sagen: Das Wissen, dass es so viele gibt, die diese irrationale Leidenschaft für Langstreckenläufe teilen, gibt mir das Gefühl, nicht allein zu sein. Das macht es mir leichter, etwas zu tun, das ich eigentlich hasse – aber manchmal sogar ganz gerne tue.

Seit das Laufen in den 1970er- und 80er-Jahren einen wahren Boom erlebte, hält es sich hartnäckig als beliebteste Form des Ausdauersports, und das überall auf der Welt – eine Aussage, die sich problemlos durch FitBit-Daten untermauern lässt. Die Frage ist also, *warum* wir laufen. Nun, zum einen ist Laufen kostengünstiger als die Anschaffung eines Hometrainers. Und man kann jederzeit damit loslegen. Abgesehen von einem Paar Laufschuhen braucht man nämlich nichts (und manche behaupten sogar, nicht einmal die wären nötig). Noch ein Vorteil: Laufen kann man so gut wie überall. Es steht einem frei, wie lange man läuft und wie schnell, ob allein oder mit Freunden, ob um fünf Uhr morgens oder um Mitternacht. Beim Laufen hat man Zeit für sich und die eigenen Gedanken, und es ist etwas, das man nur für sich selbst tut. Außerdem kann man mit dem Laufen in jedem Lebensalter beginnen, ob man nun sechs oder 60 Jahre alt ist.

Und noch eins ist mir an uns leidenschaftlichen Läufern aufgefallen: Wenn man bei einem Marathon, einem 10K- oder einem 5K-Lauf antritt, ist der Großteil der Teilnehmer – so wie ich auch – weit davon entfernt, sich in absehbarer Zeit für die olympischen Spiele zu qualifizieren. Sicher, ein paar Dutzend, vielleicht sogar mehrere Hundert ganz vorne an der Spitze mögen herausragende Athleten sein und unheimlich schnell, aber der Rest von uns sind einfache Leute mit ganz normalen Jobs und Familien und Hypotheken, die nur das gemeinsame Hobby eint, nämlich möglichst weit zu laufen. Wir trainieren wochen- und monatelang, um eine Strecke in Angriff zu nehmen, die zu laufen viele (auch ich) für hirnrissig halten, sofern man nicht gerade von einem Bären oder einem Löwen oder einem anderen Vertreter der fleischfressenden Megafauna verfolgt wird.

Wenn man Laufen als »Spaß« bezeichnen würde, würde man das Wort missbrauchen. Man kann das Laufen genießen. Man fühlt sich jünger, wenn man läuft. Aber man kann eigentlich nicht sagen, dass das Laufen – im eigentlichen Sinn des Wortes »Spaß« macht.

DEAN KARNAZES, *Ultramarathon Man: Aus dem Leben eines 24-Stunden-Läufers*

Ich habe ja den starken Verdacht, dass die meisten von uns Läufern eine eher zwiespältige Beziehung zum Laufen haben – man könnte es wohl als Hassliebe bezeichnen –, aber ich glaube, dass da noch viel mehr mit reinspielt. Wenn Laufen ein Date wäre, hätte ich dieser unsäglichen Person längst den Laufpass gegeben. Für mich ist Laufen eher ein schräger Vogel, mit dem ich befreundet bin: Ich hänge gern mit ihm ab, weil mir seine Gesellschaft guttut, auch wenn er die meiste Zeit tierisch nervt. 2017 prägte ich für diese Hassliebe den Slogan I H♥TE RUNNING. Das wollte ich mir auf ein T-Shirt drucken lassen, um ganz offen zu zeigen, wie ich zum Laufen stehe.

Jeder sollte es zumindest mal mit Laufen versucht haben. Und wenn ich sage *versuchen,* meine ich, lange genug zu laufen, um den Part hinter sich zu lassen, wo es eine einzige Qual ist. Man sollte wenigstens einmal in die Phase kommen, wo man glaubt, es würde Spaß machen. Denn bei jedem Lauf gibt es diesen einen kurzen Moment, wo es sich tatsächlich gut anfühlt. Dann vergisst man für ein paar Minuten, wie scheiße man sich fühlt, und findet seinen Rhythmus, erkennt vielleicht sogar eine gewisse Anmut in den Bewegungen, fühlt sich stark und selbstbewusst. Und das ist doch ein sehr guter Grund, es mit dem Laufen zu probieren.

EINE IRRE LEIDENSCHAFT, DIE IRRE STRECKEN BEZWINGT

Reden wir Klartext: Wenn man nicht gerade viel zu spät dran ist und einen Bus oder Flieger erwischen muss, wäre es Blödsinn zu laufen. Uns stehen so viele effiziente Mittel der Fortbewegung zur Verfügung, und wenn man überwiegend zu Fuß unterwegs ist, reicht es, ganz normal zu gehen. Man gelangt genauso gut ans Ziel.

Ich bin die irrwitzigsten Strecken gelaufen, von einem Kilometer bis 165 Kilometer. Dabei ist mir eines aufgefallen: Hat man erst mal angefangen mit dem Laufen, kommt es einem gar nicht mehr so unsinnig vor. Vor dem Start mag einem die Strecke wahnsinnig weit erscheinen, vielleicht auch noch mittendrin, aber ein, zwei Tage danach ertappt man sich bei dem Gedanken, dass es ja doch gar nicht so furchtbar war, wie man dachte. Und vielleicht fängt man dann an zu überlegen, welche Strecke man als Nächstes in Angriff nehmen könnte.

WENN DU AKTUELL DAS SCHAFFST	SCHAFFST DU LOCKER AUCH	ABER NUR EIN KOMPLETTER PSYCHO WÜRDE DAS PACKEN
0 KM	2 KM	5 KM
2 KM	5 KM	10 KM
5 KM	10 KM	20 KM
10 KM	20 KM	42,195 KM
20 KM	42,195 KM	50 KM
42,195 KM	50 KM	80 KM
50 KM	80 KM	100 KM
80 KM	100 KM	160 KM
100 KM	160 KM	> 160 KM
160 KM	> 160 KM	?

Ich persönlich verwende »Langstrecke« nicht als objektiven Begriff. Wer aktuell noch nicht regelmäßig läuft, sollte alles, was über ein simples dem Bus Hinterherrennen hinausgeht, als Langstrecke betrachten. Für jemanden, der gerade erst einen 5k-Lauf absolviert hat, ist Langstrecke alles, was weiter ist. Wer bereits einen Halbmarathon schafft, bezieht sich damit auf alles, was die einundzwanzig Kilometer übersteigt. Und so weiter und so fort.

Wenn du in diesem Buch liest und über den Ausdruck »Langstrecke« stolperst, darfst du dir gern aussuchen, welche Strecke du für dich als Herausforderung siehst.

WAS DIESES BUCH BIETET UND WAS NICHT

Was du hier in der Hand hältst, ist kein Nachschlagewerk und keine Anleitung fürs Laufen, es sind auch nicht die Memoiren eines besonders erfolgreichen Läufers, der schon des Öfteren auf dem Siegertreppchen stand. Es verrät nichts darüber, wie man für einen Marathon trainiert, wie man sich vor, während und nach einem Lauf optimal ernährt oder welche Schuhe oder Klamotten man braucht. Auch um Dehnübungen vor oder nach dem Laufen wird es auf den folgenden Seiten nicht gehen.

Nein, dieses Buch soll dich überzeugen, dass auch du eine irre weite Strecke schaffst, ganz gleich, um welche Distanz es letzten Endes geht. Und solltest du bereits an diesem Punkt sein, wird dieses Buch dir helfen, dir selbst oder anderen zu erklären, woher diese irrationale Leidenschaft fürs Laufen kommt. Ich hoffe natürlich auch, dass du dich von meinem Buch motivieren lässt, dich unterhalten fühlst und vielleicht sogar den einen oder anderen Lacher darin entdeckst. Und du wirst hoffentlich bei einigen meiner Aussagen eifrig nicken.

Vor allem aber hoffe ich, dass ich dich dazu bringen kann, wie ich das Laufen zu h♥ssen.

Wenn du merkst, dass du das Laufen hasst, und ans Aufgeben denkst, bleib dran. Es dauert seine Zeit, bis Laufen zum Genuss wird. Das geht nicht von heute auf morgen, sondern ist ein langer, zäher Prozess.

MATTHEW INMAN (aka The Oatmeal)

1.
FANG KLEIN AN, FANG JETZT AN

Fang klein an, fang jetzt an. Klingt doch viel besser als »Fang groß an, fang später an«. Das Gute ist, dass niemand Perfektion von dir erwartet. Fang einfach an.

SETH GODIN

WIE MAN ANFÄNGT UND DRANBLEIBT

STATT SO

VERSUCH ES SO

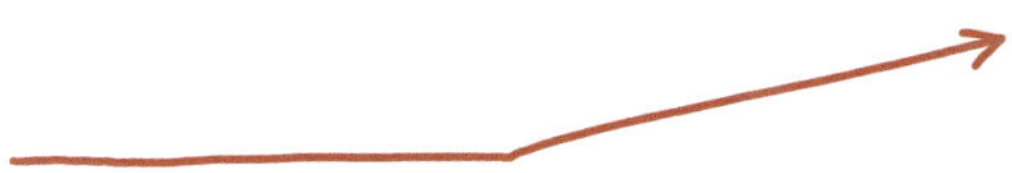

Alex Honnold ist berühmt dafür, dass er die 915 Meter hohe Steilwand des El Capitan im Yosemite Nationalpark ohne Seil bezwungen hat. Weniger bekannt hingegen ist, dass er seine Mutter Dierdre Wolownick vielleicht ganz unabsichtlich dazu gebracht hat, mit 55 Jahren noch zur Marathonläuferin zu werden. Dabei war sie davor keinen Meter gelaufen. In ihren Memoiren *The Sharp End of Life* erinnert sich Wolownick daran, wie aus einem Abendspaziergang mit dem Hund überraschend ein Lauf von fast zwei Kilometern wurde. Als sie heimkam, erzählte sie ihrem Sohn davon. Der zuckte nur mit den Achseln und meinte: »Cool. Wenn du das geschafft hast, schaffst du auch zweieinhalb.« Einige Abende darauf, als sie ihrem Sohn stolz berichtete, sie und der Hund seien gerade zweieinhalb Kilometer gelaufen, gab er zurück: »Cool. Wenn du zweieinhalb schaffst, schaffst du auch drei.«

Nach den drei Kilometern machte sie weiter mit fünf, und dann lief sie ihren ersten 10K-Lauf, in Jeans und Flanellhemd. Knapp ein Jahr später, nachdem sie 20 Wochen am Stück trainiert hatte, ging sie bei ihrem ersten Marathon an den Start. Wolownick fing mit Mitte 50 klein an und kam ganz groß raus, und dabei hatte sie überhaupt nicht vorgehabt, längere Strecken zu laufen.

Mehr als eine halbe Million Menschen in den USA bewältigen jedes Jahr einen Marathon. In Deutschland sind es rund 110 000. Fast keiner tut das, ohne in den Monaten zuvor wenigstens ein paar Kilometer zu laufen. Aber eins haben alle gemeinsam: Jeder von ihnen hat irgendwann bei null angefangen. Dann sind sie ein paarmal anderthalb Kilometer gelaufen, bis sie irgendwann beschlossen, dass sie auch zwei schaffen. Und so ging es weiter. Jede längere Strecke, ganz egal, ob man mit »lang« zehn Kilometer oder 150 Kilometer meint, fängt damit an, dass man ein erstes Mal läuft (oder einfach nur geht), und zwar eine sehr viel kürzere Strecke. Und dann tut man es wieder. Und wieder. Es ist diese kleine Sache, die man erst einmal, dann zweimal, dann dreimal macht, und mit der Zeit summieren sich diese kleinen Sachen. Man zahlt sie auf ein gedachtes Bankkonto ein, bis sich ordentlich was angesammelt hat

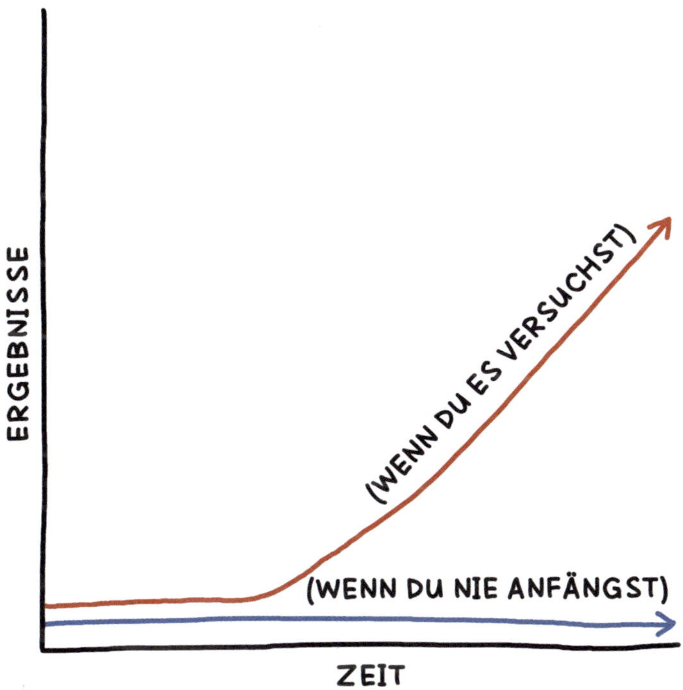

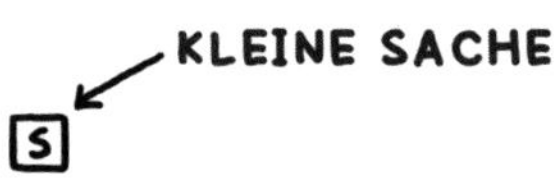
KLEINE SACHE
S

ZWEI KLEINE SACHEN

SS

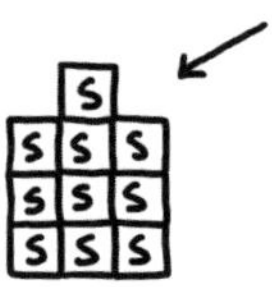

ZEHN KLEINE SACHEN

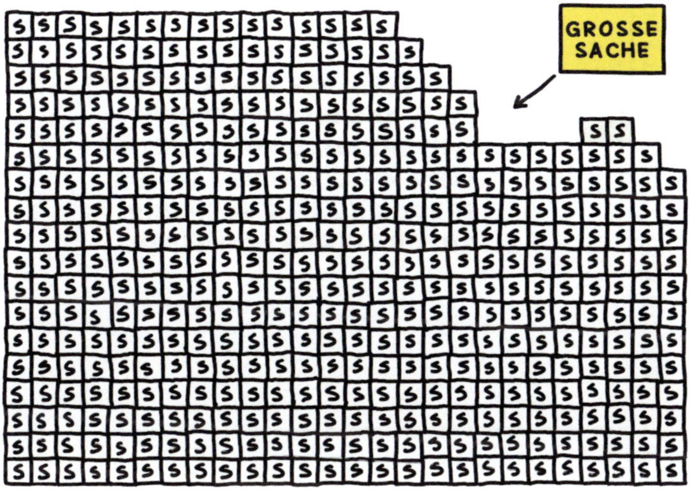
GROSSE
SACHE

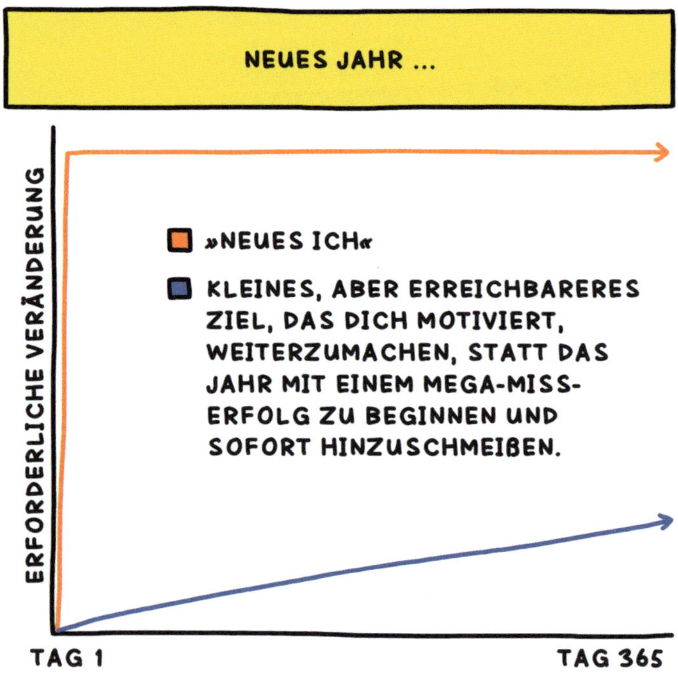
NEUES JAHR ...
ERFORDERLICHE VERÄNDERUNG
»NEUES ICH«
KLEINES, ABER ERREICHBARERES ZIEL, DAS DICH MOTIVIERT, WEITERZUMACHEN, STATT DAS JAHR MIT EINEM MEGA-MISS-ERFOLG ZU BEGINNEN UND SOFORT HINZUSCHMEIßEN.
TAG 1
TAG 365

Seien wir ehrlich: Wir sind totale Nieten, wenn es darum geht, Neujahrsvorsätze durchzuziehen. Das Problem ist, dass wir uns zu viel vornehmen und alles auf einmal wollen. Und nach maximal einer Woche stolpern wir über das erste Steinchen und hängen unser großes Vorhaben entmutigt wieder an den Nagel. Wir stellen fest, dass es schlicht nicht durchzuhalten ist, mit dem neuen Trainingsplan tausend Stunden mehr im Fitnessstudio zu verbringen, oder dass es uns nicht glücklich macht, nur noch rohen Grünkohl zu mümmeln. »Neues Jahr, neues Ich« ist ein absolut lächerliches, fast immer unerreichbares Motto (es sei denn, man nimmt an einem Zeugenschutzprogramm teil. Dann hat man allen Grund dazu, sich mit der Vorstellung eines rundum neuen Ichs anzufreunden). »Neues Jahr, langsam besser werdendes Ich« klingt doch viel realistischer. Ein solches Ziel erlaubt es, sich langsam, aber stetig weiterzuentwickeln, statt sich von heute auf morgen komplett zu erneuern. Das ist so gut wie unmöglich, klar gibt man da innerhalb kürzester Zeit auf.

An welchem Punkt auch immer du dein Laufprojekt startest, egal welche irrsinnige Strecke dein großes Ziel ist, ob fünf oder 50 Kilometer – fang mit einer machbaren Etappe an. Wie Leo Babauta, Schöpfer des Blogs *Zen Habits,* es formuliert: »Steck dir ein Ziel, das so easy zu erreichen ist, dass du nicht Nein sagen kannst.«

2.
GEHEN IST AUCH LAUFEN

Ich war Mitglied der US-Olympiamannschaft, bin seit mehr als 50 Jahren Läufer und ich habe nicht gewusst, dass es ein Laufregelbuch gibt, das Gehen verbietet.

JEFF GALLOWAY, wenn jemand behauptet, wer zwischendurch gehe, sei kein echter Läufer; Aus: *Die Run-Walk-Run-Methode: Jeder kann laufen.*

Als ich mich auf meinen allerersten Marathon im Jahr 2006 vorbereitete, schwor ich mir eins: Ganz gleich, was passierte, ich würde jeden einzelnen Meter dieses Marathons laufen. Es ging mir keineswegs um Schnelligkeit, aber ich wollte die Ziellinie überqueren und mit vollem Recht sagen können, dass ich einen Marathon *gelaufen* war.

Und an diesen Vorsatz hielt ich mich eisern. Das ging gut bis ungefähr Kilometer acht, wo ich versuchte, mir an der Trinkstation im Vorbeilaufen einen Becher Wasser zu schnappen und ihn auszutrinken, ohne an Tempo zu verlieren. Das Ergebnis war, dass mir die Hälfte aufs Laufshirt und ins Gesicht schwappte. Also besserte ich meinen Vorsatz ein wenig nach: Ich wollte jeden einzelnen Meter dieses Marathons laufen, außer an den Trinkstationen, an denen man sich alle acht Kilometer einen Becher Wasser oder Energydrink holen konnte.

Von da an rannte ich jeden Meter des Laufs, nur nicht auf den rund 30 Metern, wenn ich mir ein Getränk griff. Diese Strategie klappte schon sehr viel besser, weil ich so wenigstens trinken konnte, statt mir das Wasser nur übers Shirt zu kippen.

Ungefähr fünf Kilometer vor dem Ziel, der anfängliche Pulk hatte sich zerstreut und ich lief weitestgehend allein, überholte mich eine Läuferin. Ich fragte mich gerade, ob das Ziel nicht bald in Sicht kommen müsste, als die Läuferin bei fast 50 Metern Vorsprung plötzlich immer langsamer lief und schließlich nur noch ging. Ich holte sie ein und zog an ihr vorbei. Nach weiteren 100 Metern lief sie erneut an mir vorbei, und dann ging sie wieder. So machten wir eine Zeitlang weiter. Sie lief und ging abwechselnd, und ich war immer noch fest entschlossen, die komplette Strecke zu laufen.

Wer von uns beiden lag nun richtig mit seiner Strategie? Die Antwort lautet: beide. Mehr als zehn Jahre später weiß ich noch nicht mal mehr, ob sie die Ziellinie vor mir überquerte oder ob ich als Erster durchlief. Es spielte damals keine Rolle und interessiert auch jetzt keinen mehr, wie viel von der Strecke jeder von uns damals gelaufen oder gegangen ist.

Zum damaligen Zeitpunkt war es mir nicht bewusst, aber für viele Marathonläufer ist Gehen Teil der Strategie. Sie laufen drei Minuten lang, dann gehen sie eine Minute, dann laufen sie wieder. Und immer so weiter. Oder sie laufen vier Minuten, gehen eine Minute und dann alles wieder von vorn. Oder sie laufen eine Minute, gehen eine Minute, laufen eine Minute. Und so machen sie weiter, bis sie am Ziel sind. Diese Strategie gibt es in unzähligen Abwandlungen. Populär geworden ist sie durch den Olympioniken, Trainer und Autor Jeff Galloway und wird seither von Tausenden von Läufern verfolgt.

Ein Halbmarathon, ohne Unterbrechung durchgelaufen mit einem Tempo von ungefähr sechs Minuten pro Kilometer (6 min/km), sieht im Vergleich zu einem Lauf, der in kleine Häppchen von jeweils neun Minuten Laufen am Stück gefolgt von zwei Minuten Gehen, unterteilt wird (mit Ausnahme der letzten anderthalb Kilometer), folgendermaßen aus:

21,1 KM @ 6 MIN/KM:

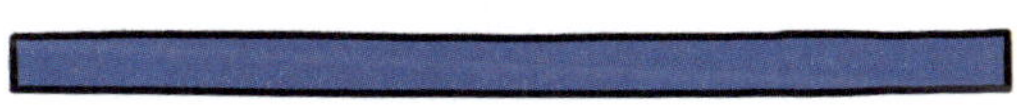

= 2 H 6 MIN 36 SEK DAUER DES HALBMARATHONS

21,1 KM @

LAUFEN @ 6 MIN/KM

GEHEN @ 12 MIN/KM

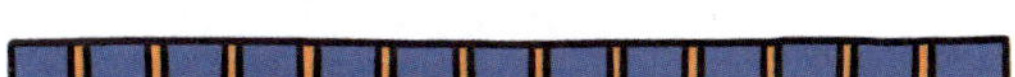

= 2 H 19 MIN 06 SEK DAUER DES HALBMARATHONS

Diese Gehpausen bei einem Tempo von 12 min/km kosten zwar Zeit, aber unter dem Strich ist der Verlust gar nicht mal so wild, stimmt's? Denn eine Streckenzeit von 2 h 19 min 06 sek ist immer noch eine beachtliche Leistung.

Die gleiche Distanz sieht folgendermaßen aus, wenn man die ersten 16 Kilometer bei einem Tempo von fünfeinhalb Minuten pro Kilometer knallhart durchläuft, bevor einem die Puste ausgeht und man sich die letzten fünf Kilometer gehend vorwärtsschleppt.

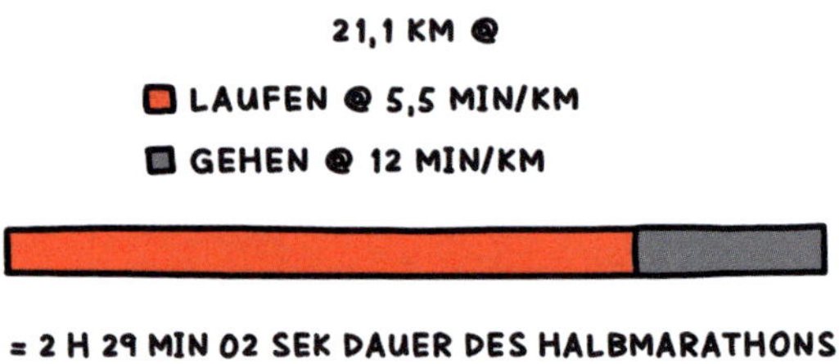

Klar geht man erstmal davon aus, dass jeder, der so einen Lauf mitgemacht hat, die komplette Strecke *gelaufen* ist. Aber das ist ein Trugschluss. Es stimmt, Shalane Flanagan ist im Jahr ihres Sieges 2017 den gesamten New-York-City-Marathon gelaufen, genau wie Eliud Kipchoge, als er 2018 den Marathon-Weltrekord gebrochen hat. Aber wir Normalos sollten es lockerer sehen. Wie Jeff Galloway so schön sagt: Es gibt kein Laufregelbuch, das das Gehen verbietet.

Wer sich ein wenig mit Ultramarathons beschäftigt, wird schnell feststellen, wie viel Ultraläufer tatsächlich gehen. Selbst die Eliteläufer bei den 100-Meilen-Gebirgsläufen tun es. Das Gelände, die vielen Stunden und der hohe Kalorienverbrauch machen ein Gehen zwischendurch unvermeidbar. Denn um überhaupt bis zum Ziel durchzuhalten (statt auf halber Strecke zu kapitulieren), ist es eine weitverbreitete Strategie, bergauf zu gehen und auf flachen Teilstücken sowie bergab zu laufen. Ich stelle mir die drei Säulen des Ultrarunnings folgendermaßen vor:

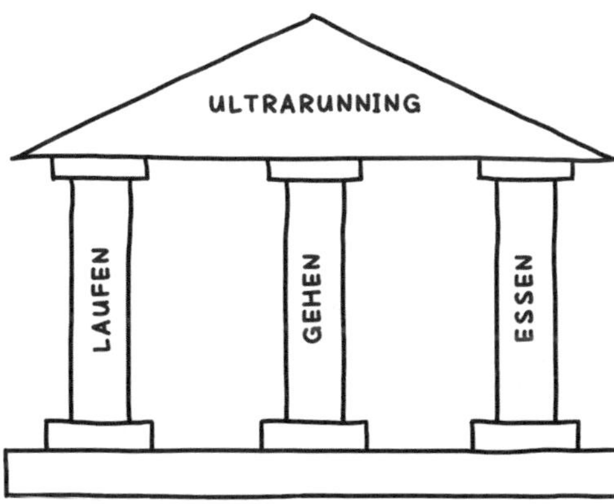

Wäre ich noch nie im Leben einen Ultramarathon gelaufen, wäre ich wohl davon ausgegangen, dass der komplette Lauf folgendermaßen aussehen müsste:

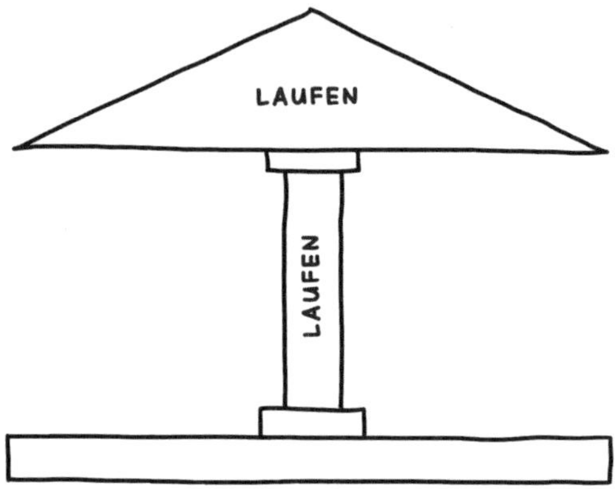

Für eine kurze Joggingrunde durch den nahen Park mag das ja noch in Ordnung sein. Aber bei längeren Strecken ist ein Ansatz, der sich auf eine einzige Säule stützt, weniger stabil. Deshalb sieht meine Laufstrategie wie das hier aus:

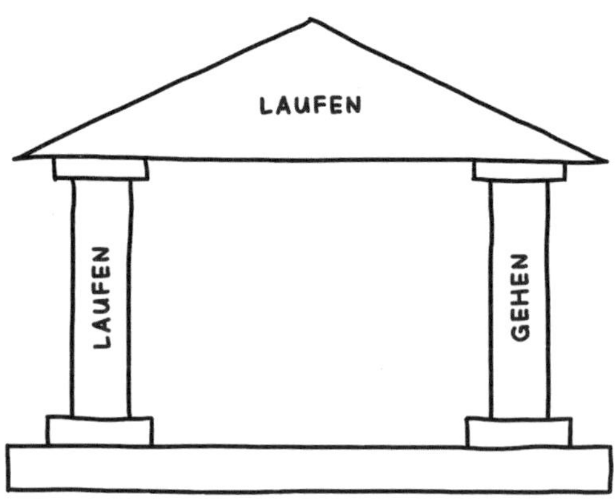

Hier ein kleines Gedankenspiel für dich: Der Weltrekordhalter der Männer im 50-Kilometer-Gehen, Yohann Diniz, würde sich problemlos für den Boston-Marathon qualifizieren, wenn man auf Basis seiner Gehzeit auf 50 Kilometer (3 h 32 min 33 sek) seine Marathon-Laufzeit berechnet (2 h 59 min 39 sek); bei den Frauen würden sich sogar die ersten sieben im 50-Kilometer-Gehen für Boston qualifizieren, was schon echt unglaublich ist. Langer Rede, kurzer Sinn: Einige Leute könnten jederzeit am Boston-Marathon teilnehmen, einem der angesehensten Laufereignisse der Welt. Sie müssten einfach nur jeden Meter der Marathonstrecke gehen.

Abgesehen davon ist Gehen ein guter Einstieg, wenn man aktuell noch nicht regelmäßig läuft. Der Körper gewöhnt sich so nach und nach daran, längere Zeit auf den Beinen zu sein (besonders wenn man Tag für Tag stundenlang nur am Schreibtisch hockt). Wenn man mehrmals in der Woche einige Kilometer geht, entwickelt man eine Routine und lernt, regelmäßige körperliche Bewegung in seinen Alltag zu integrieren. Beschließt man dann, von drei bis vier Mal pro Woche Spazierengehen auf ebenso regelmäßige Laufrunden umzusteigen, fällt einem dieser Wechsel nicht mehr ganz so schwer, und möglicherweise freut man sich sogar darüber, dass man so die Strecke noch schneller hinter sich bringt.

Erlaubt man es sich, zwischendurch zu gehen, erscheint einem das Laufen gleich viel weniger abschreckend, weniger fordernd. Es gibt keine Regeln, und niemand kontrolliert einen, außer man selbst. Also finde heraus, was für dich machbar ist, und dann nichts wie los.

Ganze zehn Jahre nach meinem ersten Marathon und nachdem ich meine Freude am Gehen entdeckt hatte, fing ich mit den Ultramarathons an. Wenn ich im Gespräch mit jemandem erwähne, dass ich schon an 50- und 100-Meilen-Läufen teilgenommen habe und derjenige kommt mir mit: »50 Meilen (ca. 80 Kilometer)? So weit könnte ich nie im Leben laufen«, dann lautet meine Standardantwort: »Ich auch nicht. Und fast keiner tut es. Wir gehen zwischendrin. Manche von uns gehen sogar einen großen Teil der Strecke.« Tempo ist nämlich längst nicht so entscheidend wie Weitermachen.

Beim Gehen kann man essen. Man kann dabei weinen. Und ich bin der lebende Beweis dafür, dass man sogar gleichzeitig kotzen und gehen kann. Es gibt also keinen Grund, stehen zu bleiben.

MEGHAN HICKS, Chefredakteurin bei *IRunFar.com;* hat bereits Dutzende von Ultramarathons erfolgreich gemeistert

3.
AUS LANGSAM WIRD (IRGENDWANN) SCHNELL

Wenn du es eilig hast,
laufe langsam.

Alte Läuferweisheit

Wenn man einen Bergführer anheuert, der einem helfen soll, einen riesigen, schneebedeckten Berg von über 4000 Metern zu bezwingen, einen Mount Rainier oder einen Mount Shasta zum Beispiel, leistet dieser Führer vor allem einen wichtigen Beitrag: Er gibt das Tempo vor. Im Laufe des vergangenen Jahrhunderts machten Bergführer, deren Job es war, Gruppen auf die höchsten Gipfel zu begleiten, eine wertvolle Beobachtung: Nämlich, dass es um einiges effizienter ist, langsam zu gehen und nur eine begrenzte Anzahl von Pausen zu machen, statt ein hohes Tempo vorzulegen und dafür öfter Rast machen zu müssen.

Die »Führergeschwindigkeit« mag dem unerfahrenen Teilnehmer zunächst langsam erscheinen, besonders gleich zu Beginn einer Tour. Aber spätestens bei einer Höhe von 3500 Metern, nachdem man viele Stunden lang eine schneebedeckte Steigung hochgestiegen ist, erweist sich diese

Strategie als goldrichtig. Dort oben, wo die Luft immer dünner wird, kämpft man sich vorwärts, Schritt für Schritt, langsam, aber stetig, und behält den Rhythmus bei, statt zehn Schritte zu gehen und dann stehen zu bleiben, weil einem die Puste fehlt.

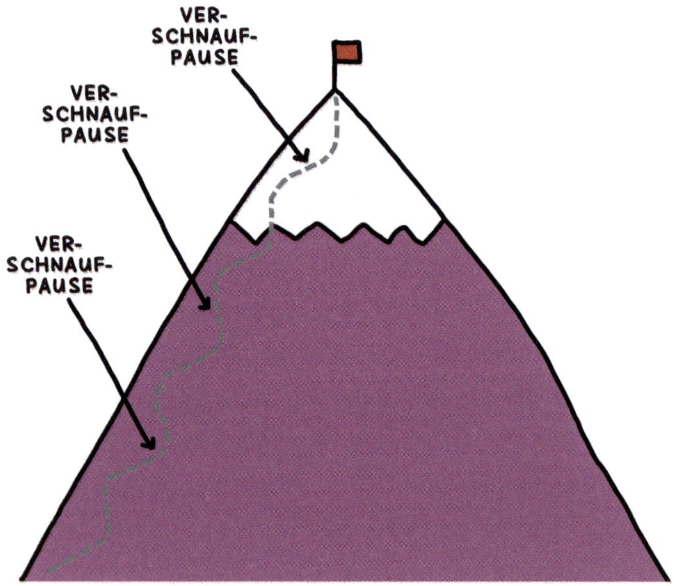

[PRAGMATISCHES, MACHBARES TEMPO, VORGEGEBEN DURCH DEN BERGFÜHRER]

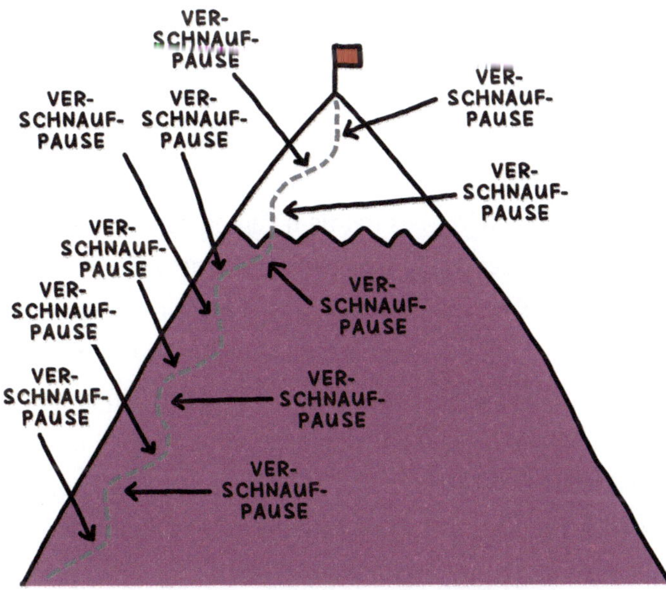

[EHRGEIZIGES UND NICHT DURCHHALTBARES TEMPO, DAS DER UNERFAHRENE BERGSTEIGER SICH SELBST SETZT]

Wenn du schon mal mit Kind und Kegel in einem vollbesetzten Auto eine längere Strecke gefahren bist, weißt du vermutlich, warum diese Strategie so gut ist: Weniger Pinkelpausen bedeuten weniger Zeitverzögerung, weil es nonstop nun mal am schnellsten geht. Fährt man an der nächsten Raststätte raus, weil Kind Nummer eins aufs Klo muss, steigen erstmal alle aus. Dann will Kind Nummer zwei ein Eis, also verplempert man zehn Minuten mit nervigen Diskussionen, und am Ende dauert der Stopp eine halbe Stunde. Macht man das mehr als einmal, wird der Zeitverlust größer und größer.

Was hat das jetzt alles mit dem Laufen zu tun?, fragst du dich. Nun, es bedeutet bloß, dass du dir nicht den Kopf darüber zerbrechen musst, möglichst schnell zu laufen. Entscheidend ist, dass man nicht stehen bleibt. Unzählige Fachleute würden dir bestätigen, dass ein zu flottes Tempo so gut wie immer zur völligen Erschöpfung führt und nicht die richtige Strategie ist, um schneller zu werden. Ich mag zwar kein erklärter Experte für Trainingsstrategien sein, aber ich würde außerdem noch die Frage stellen: Wozu die Eile? Meine Laufrunden, wenn ich es denn endlich geschafft habe, meinen Hintern vor die Tür zu schleppen, sind oft der absolute Höhepunkt meines Tages. Warum also einen quälenden Lauf von einer halben Stunde daraus machen, wenn ich genauso gut 35 ein bisschen weniger anstrengende Minuten laufen kann?

Wichtiger noch ist: Einen leichten Lauf halte ich mit größerer Wahrscheinlichkeit durch als einen anstrengenden Lauf. Wie oft bin ich viel zu schnell in meinen Zehn-Kilometer-Lauf gestartet, um mich dann von der leisen Stimme in meinem Kopf auf neun Kilometer runterhandeln zu lassen, weil mir die Puste ausging … und irgendwann denkt man sich dann, acht reichen auch … oder vielleicht sechs. Wenn wir noch einmal den Vergleich mit dem Bergsteigen heranziehen, sieht das folgendermaßen aus:

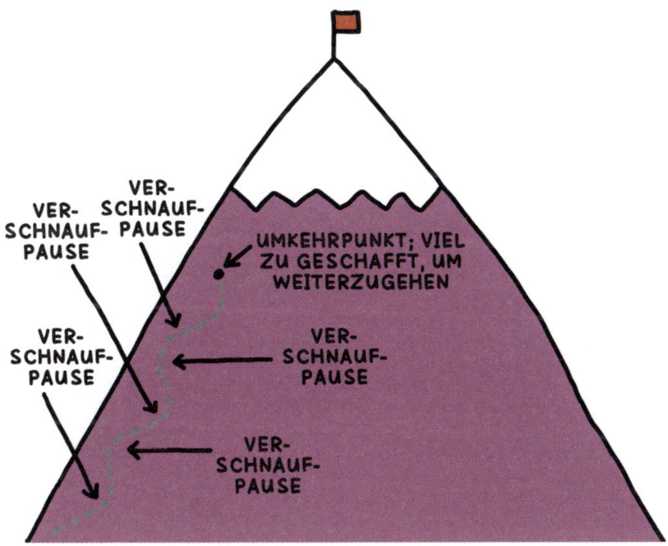

[VORZEITIGER ABBRUCH WEGEN NICHT DURCHHALTBAREM TEMPO]

Laufcoach David Roche, Co-Autor des Buches *The Happy Runner,* das er zusammen mit seiner Ehefrau geschrieben hat, arbeitet mit echten Ausnahmeläufern und ganz normalen Leuten. Seine Empfehlung lautet, dass mindestens 80 Prozent der Laufzeit einfach sein sollten (das heißt, man sollte beim Laufen mühelos eine Unterhaltung führen können), und zwar völlig unabhängig vom eigenen Trainingsansatz.

Damit wir uns nicht falsch verstehen: Es ist nichts Verwerfliches daran, schnell laufen zu wollen. Das ist durchaus legitim, wenn man sich für den Boston-Marathon qualifizieren oder sich nach der miesen Zeit beim letzten Mal um ein paar Sekunden verbessern will. Aber Schnelligkeit ist nicht der einzige Weg zu mehr Lauffreude. Und wie dir auch der eine oder andere Profiläufer bestätigen wird, führt es paradoxerweise dazu, dass man schneller wird, wenn man sich nicht mehr darauf versteift, schneller zu werden.

Beim Laufen kommt es auf eine gewisse Leichtigkeit und Gelassenheit an. Manch einer mag den Eindruck haben, dass man sich an die eigenen Grenzen bringen muss, um erfolgreich zu sein, aber das ist Unsinn. Entscheidend ist, dass man das, was man als »einfach« empfindet, immer wieder neu definiert. Es geht darum, dass das Laufen bei gleicher Anstrengung – oder dem gleichen Tempo oder der gleichen Leistung – weniger Energie kostet.

DAVID ROCHE

Ein bekanntes psychologisches Phänomen ist die »hedonistische Tretmühle«. Im Kern steckt Folgendes dahinter: Die Dinge, von denen wir glauben, dass sie uns glücklich machen, führen lediglich zu kleineren, kurzfristigen Glücksausbrüchen, bevor wir wenig später zu unserem normalen Glückslevel zurückkehren. Die hedonistische Tretmühle wird oft herangezogen, um zu erklären, warum mehr Geld oder mehr materieller Besitz (wie teure Autos, Fernseher usw.) uns in Wirklichkeit nicht glücklicher machen.

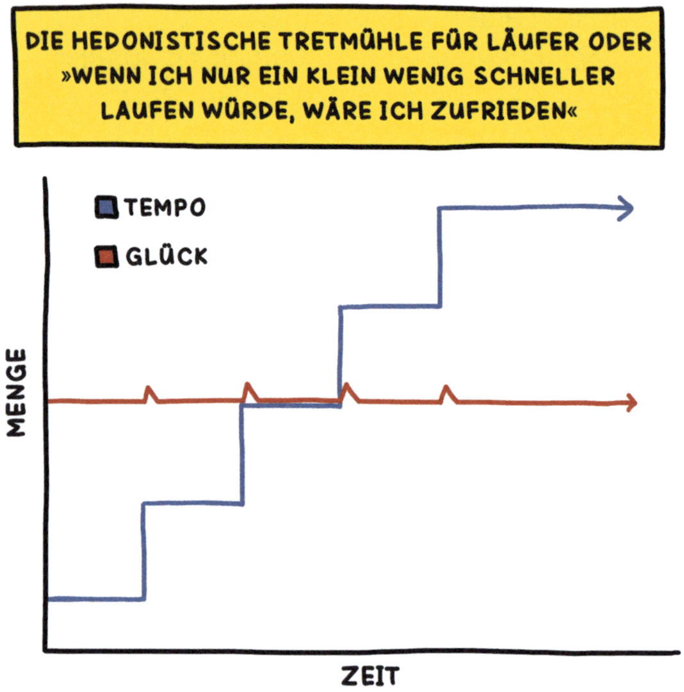

In Christopher McDougalls Bestseller *Born to Run: Ein vergessenes Volk und das Geheimnis der besten und glücklichsten Läufer der Welt* hat der Autor eine Begegnung mit Micah True aka Caballo Blanco, einem Amerikaner, der Tarahumara-Läufern bis zu ihrem Zuhause in der Barranca di Cobre in Mexiko gefolgt ist. Er wollte herausfinden, wie es ihnen gelingt, so schnell und voller Freude weite Strecken zu laufen. Caballo teilt sein Wissen mit dem Autor in Form des folgenden Mantras: »Denke einfach, mühelos, sanft und schnell.« Das sind die vier Eigenschaften, die ein Läufer ihm zufolge haben sollte, und zwar in dieser Reihenfolge.

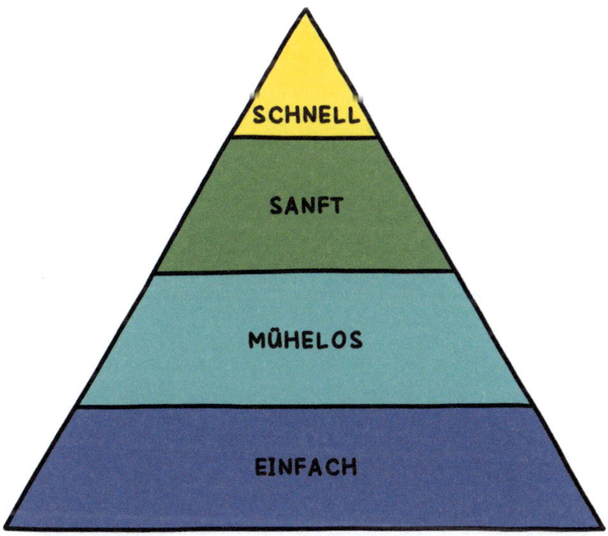

»Einfach« bildet die Basis der Pyramide. Um es mit Caballo Blancos Worten zu sagen: »Fang mit einfach an. Wenn das alles ist, was du schaffst, ist das schon ganz ordentlich.« Man läuft also ganz locker, bis man bereit ist, auf die Grundlage dieser Pyramide etwas draufzusetzen, oder man genießt weiter das entspannte Laufen.

Vielleicht sieht deine hedonistische Tretmühle auch so aus:

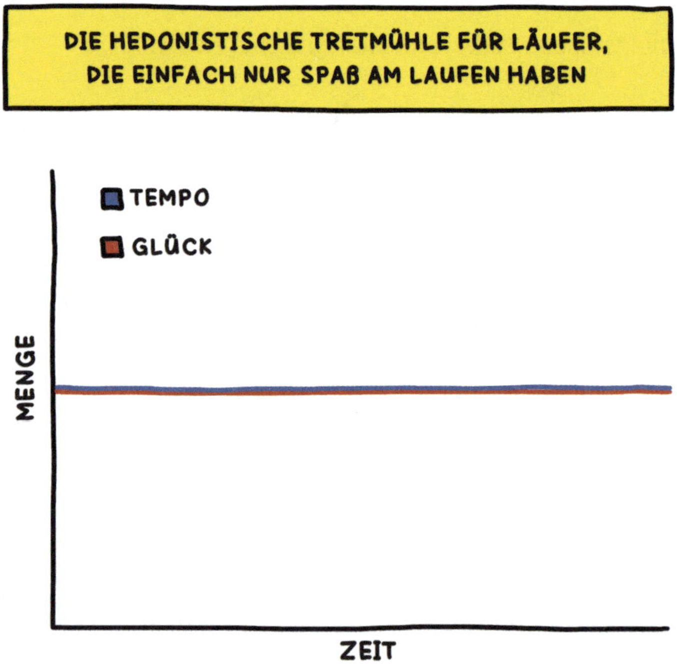

Wenn du es schaffst, Spaß am Laufen zu entwickeln, wirst du es jedes Mal ein bisschen länger machen wollen, und irgendwann steigerst du dich automatisch. Vielleicht wirst du sogar schneller (ganz ohne großes Zutun).

4.
MISS DICH (MIT DIR SELBST)

Ich stehe zu niemandem in Konkurrenz.
Ich mache mein eigenes Ding.

BERNIE MAC

Kurz vor dem Startschuss, ob bei einem 5K-Lauf, einem Marathon oder einem Ultramarathon, ertappt man sich gern bei etwas, das sehr ungesund und wenig zielführend ist: Man sieht sich um, mustert die anderen Läufer und fragt sich, ob sie wohl fitter oder schneller sind als man selbst oder ob sie es mehr verdient haben, dabei zu sein. Natürlich sind welche darunter, die schneller sind als man selbst. Aber keiner von ihnen hat die Teilnahme deshalb mehr verdient. Klar werden ganz vorne an der Spitze welche mitlaufen, die die Strecke in der Hälfte der Zeit runterreißen, und vielleicht gewinnen sie sogar ein riesiges Preisgeld. Man könnte also durchaus behaupten, dass sie rein professionell betrachtet besser qualifiziert sind als andere. Aber sieh das Ganze doch so: Jeder im anfänglichen Startpulk, ob er nun drei Minuten pro Kilometer oder neun Minuten pro Kilometer braucht, hofft insgeheim nur, dass er nicht mittendrin zum Kacken anhalten muss. Das ist ein Problem, das uns alle eint.

Mehr als 50 000 Menschen nehmen jedes Jahr am New-York-City-Marathon teil. Wenn du das große Glück hast, bei so einem Ereignis dabei zu sein, erzählst du deinen Enkelkindern später garantiert nicht: »Ich lief an 33 789ter Stelle durchs Ziel, aber wenn einiges ein wenig anders gelaufen wäre, hätte ich es auch auf den 32 372ten Platz schaffen können.« Ich wette, du erzählst ihnen, was für eine herausfordernde und aufregende Erfahrung das war und wie viel Spaß du hattest. Und wenn du in der Woche nach dem Lauf ins Büro kommst, werden dich die Kollegen wohl kaum fragen: »Und, hast du gewonnen?«

Klar, oft ist die Rede vom »Marathonwettbewerb«, aber wer soll da eigentlich die Konkurrenz sein? Manche würden behaupten, man misst sich mit der Länge der Strecke oder mit dem anspruchsvollen Gelände, und das mag ja beides auch zutreffen, aber ich würde sagen, man misst sich höchstens mit der schlechteren Version von sich selbst.

Sogar wenn du nie an einem Laufwettbewerb teilgenommen hast, vergleichst du dich vielleicht mit anderen Läufern: Mit den Joggern im Park, die an dir vorbeiziehen oder die mehr Kohle für schicke Laufshorts ausgegeben haben. Ich sag es gern noch mal: Bitte lass es. Von den vielen Millionen Menschen, die Tag für Tag laufen gehen, hat die große Mehrheit nicht das Gefühl, dabei eine besonders gute Figur zu machen: Die einen finden, dass sie zu sehr mit dem Hintern wackeln, die anderen denken, sie schwitzen zu stark, die dritten glauben, dass sie viel zu langsam sind, und wieder andere sind davon überzeugt, dass sie ein jämmerliches Bild abgeben im Vergleich zu dieser schlanken Gazelle, der sie zweimal die Woche auf ihrer Laufrunde begegnen. Nun gut, wir sehen also nicht aus wie olympische Athleten. Kaum einer von uns denkt, er oder sie habe den perfekten »Läuferkörper« oder zumindest das, was wir dafür halten.

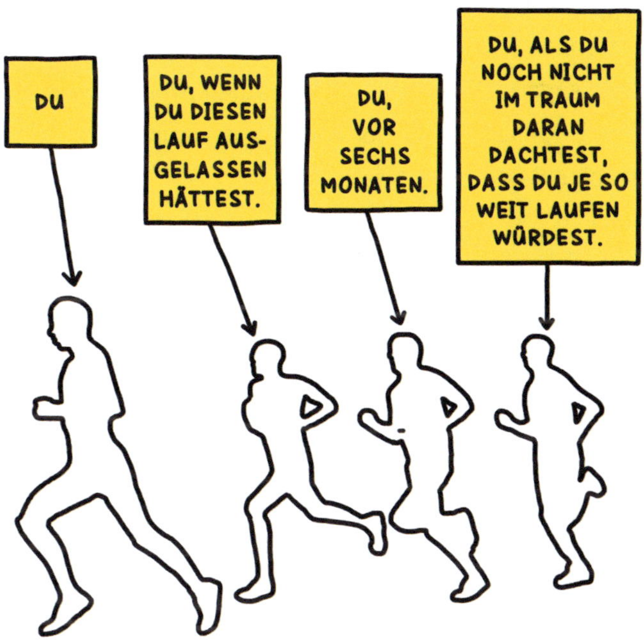

Folgendes solltest du dir hinter die Ohren schreiben: Jeder Körper, der läuft, ist ein Läuferkörper. Wer regelmäßig läuft, sieht alle möglichen Leute mit allen möglichen Körperformen und Größen laufen, in allen möglichen Klamotten, von der teuersten Hightech-Ausstattung bis hin zum alten, labbrigen T-Shirt und stinknormalen Shorts. Wir alle sind Läufer, und wir alle versuchen, besser zu werden als die Person, die wir gestern oder vergangenen Monat oder letztes Jahr waren.

Niemand würde je auf die Idee kommen zu behaupten, ein Grizzlybär habe einen »Läuferkörper« – aber bei einem Wettrennen hätte der Grizzly vermutlich die Nase vorn und würde sogar den schnellsten Menschen aller Zeiten ausstechen. Und dabei pfeift der Grizzly aufs Training, er vergeudet keine Sekunde Zeit dafür.

GRIZZLYBÄR	USAIN BOLT
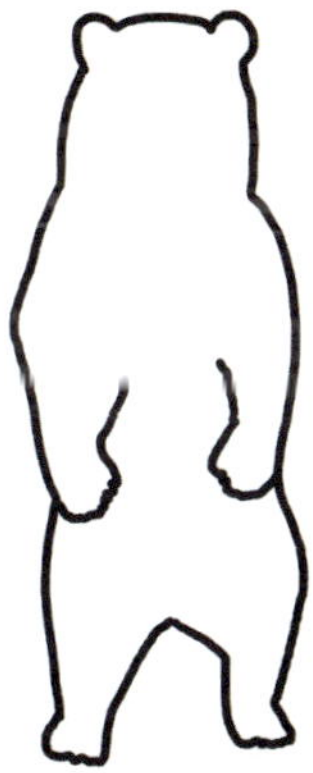	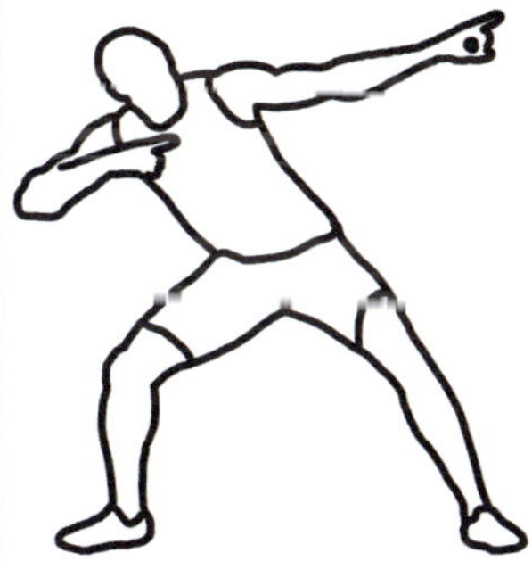
ÜBER ZWEI METER GROß 200-350 KILO SCHWER 56 KM/H	1 METER 95 GROß 93 KILO SCHWER 43 KM/H

Wenn du mal an einem Laufwettbewerb teilnimmst, wirst du Augen machen, wie viele Menschen jubelnd am Straßenrand stehen, um dich und die anderen Läufer anzufeuern. Ihnen ist es piepegal, an welcher Stelle du gerade bist oder wie schnell du läufst. Sie jubeln dir nicht zu, weil du gewinnst; sie jubeln, weil du den Mumm hattest, dich für einen Lauf von fünf, zehn oder 50 Kilometer anzumelden und es auch durchzuziehen. (Manchmal jubeln die Zuschauer aber auch einfach, weil ihr Haus zufällig an der Strecke liegt und sie schon den ganzen Vormittag Cocktails bechern wie die Bekloppten.)

Frage 1: Läufst du? Wenn du alle diese Fragen mit Ja beantworten kannst, ist der Fall klar: Du bist ein echter Läufer.

ALISTAIR JONES, *Run: A Book for Real Runners*

Wie Fred Lebow, der Gründer des New-York-City-Marathons, einst sagte: »Beim Laufen kommt es nicht drauf an, ob man als Erster durchs Ziel geht, im mittleren Pulk mitrennt oder unter den Nachzüglern ist. Hauptsache, man kann sagen: ›Ich hab's ins Ziel geschafft.‹ Das allein zählt und macht stolz.« Der glücklichste Moment für viele ist es, wenn sie am Schluss ihre Medaille überreicht bekommen. Ja, schon klar, jeder, der über die Ziellinie rennt, erhält diese Auszeichnung – aber ist sie deswegen weniger wert? Auf gar keinen Fall!

Natürlich ist auch gar nichts falsch an ein wenig gesundem Wettbewerb, wenn dich das motiviert, dein Bestes zu geben, und wenn du trotz allem fair gegenüber dir selbst und anderen bleibst. Viele Läufer suchen sich bei Laufwettbewerben einen anderen Teilnehmer aus, dem sie quasi wie einem Karnickel hinterherjagen, besonders auf den letzten Kilometern. Dafür wählen sie jemanden, der ein paar hundert Meter vor ihnen ist, und versuchen dann, ihn auf dem nächsten Kilometer zu überholen, quasi als Ansporn, wenn Kraft oder Motivation nachlassen. Dieser Trick ist absolut legitim, wenn es dir hilft, dein Laufziel zu erreichen. Wenn aber ein Läufer bei der Joggingrunde im Park jedes Mal lossprintet, sobald ein etwas schnellerer Läufer zum Überholmanöver ansetzt, ist das nicht gerade fair und hat fast schon soziopathische Züge.

Das Tolle am Laufen ist, dass Leute unterschiedlichster Statur Geschwindigkeiten vorlegen und Strecken bewältigen, die man ihnen aufgrund ihres Körperbaus gar nicht zutraut.

ALEXANDRA HEMINSLEY, *Running Like a Girl: Notes on Learning to Run*

Sich mit sich selbst zu messen, ist eigentlich ganz einfach. Die Person, die du gerne wärst, würde laufen gehen, statt zu Hause auf dem Sofa rumzugammeln und sinnlos auf dem Handy herumzudaddeln. Die Person, die du gerne wärst, würde nicht auf halber Strecke schlappmachen und aufhören. Die Person, die du gerne wärst, würde die Zähne zusammenbeißen und keine Ausreden gelten lassen, sondern trotz aller Anstrengung weitermachen.

Ob du nur drei Kilometer um den Block oder das erste Mal zehn Kilometer läufst – es ist immer gleich: Die einzige Konkurrenz, gegen die du dich durchsetzen musst, ist diese Stimme in deinem Kopf, die dir weismachen will, du wärst kein Läufer.

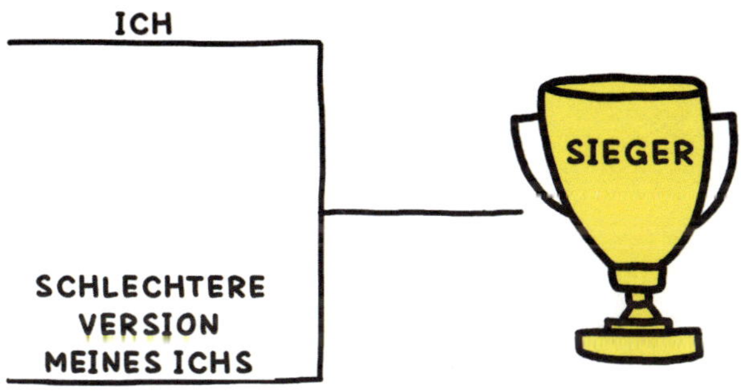
ICH
SCHLECHTERE
VERSION
MEINES ICHS
SIEGER

5.
GEWÖHN DICH AN DAS UNBEQUEME

Stressvermeidung ist die denkbar schlechteste Strategie, weil sie voraussetzt, dass man Stress als etwas Negatives ansieht. Wenn man beispielsweise beschließt, gewisse Situationen, die man fürchtet, zu meiden, akzeptiert man diese Furcht und lässt zu, dass sie die Kontrolle übernimmt. Wenn man bewusst Situationen meidet, die Selbstzweifel auslösen, gibt man den Selbstzweifeln erst ihre Berechtigung. Wollen Sie also Angst haben, während Sie bedeutsame Situationen meiden, oder wollen Sie Angst haben, während Sie sich diesen Situationen stellen?

KELLY MCGONIGAL, »How to Make Stress Your Friend«, TED-Talk, Juni 2013

Hand aufs Herz: Jede Form von körperlicher Ertüchtigung strengt an. Klar gibt es auch einigermaßen entspannende Arten der Bewegung, wie etwa gemütliche Spaziergänge, aber die meisten zehren an den Kräften, man denke nur an Bikram Yoga (Hot Yoga). Natürlich geht in Sachen Bequemlichkeit nichts über einen Liegestuhl und eine Familienpackung Eis. Und trotzdem haben die meisten von uns einen gewissen Bewegungsdrang. Also entscheiden wir uns notgedrungen für eine Sportart, die uns halbwegs erträglich erscheint, und reden uns ein, wir hätten Spaß dabei. Da macht es keinen Unterschied, ob es so was Lächerliches ist wie Traktorreifen-Werfen oder kilometerweit zu laufen, nur um am Ende wieder am Ausgangspunkt zu sein, was nicht weniger absurd ist.

Entweder ist man überzeugt, dass die Anstrengungen es wert sind, oder eben nicht. Ich gehöre zum Glück der ersten Gruppe an, und ich gehe davon aus, dass du zumindest ansatzweise auch in diese Richtung tendierst. Immerhin hast du mein Buch bis hierher gelesen. Oder war es vielleicht ein Fehlgriff, weil du dachtest, es ginge darin wirklich um den Hass aufs Laufen, und du würdest hier Infos zu angenehmeren Alternativen bekommen, so was wie Powernapping oder Fußmassagen vielleicht?

Um es ganz deutlich zu sagen: Das Unwohlsein und die Anstrengungen, von denen hier die Rede ist, haben nichts mit echten Verletzungen zu tun. Es ist der stinknormale »Macht keinen Spaß«-Widerwille, wegen dem man am liebsten sofort wieder mit dem Laufen aufhören möchte. Es hat nicht das Geringste mit dem »Irgendwas stimmt da nicht«-Schmerz zu tun, der einen durchfährt, wenn man sich tatsächlich verletzt hat. Wer beim Laufen richtige Schmerzen hat, sollte dringend ärztlichen Rat suchen oder zumindest im Internet auf medizinischen Hilfeseiten stöbern, bis das entsprechende Paniklevel erreicht ist, das einen sofort in die nächste Praxis stürmen lässt.

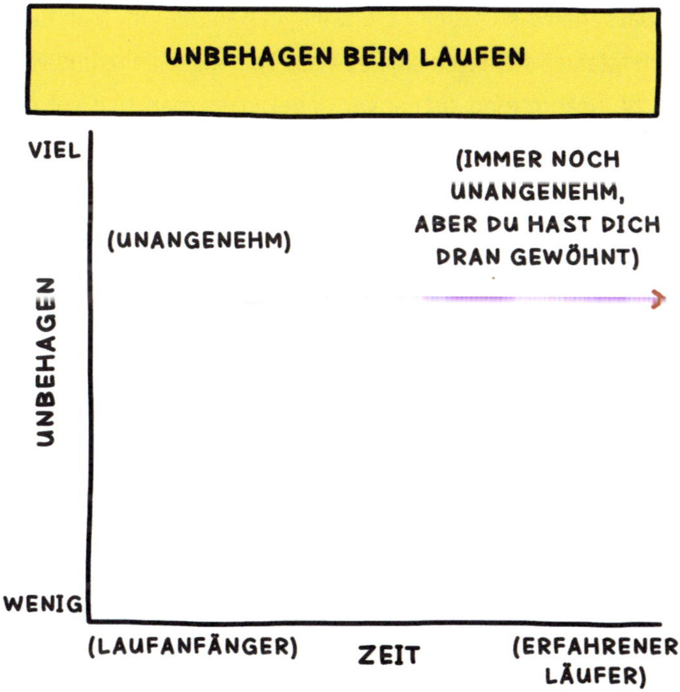

Ich will dir nichts vormachen: Laufen kann schon tierisch nerven. Gleich die ersten Male kann es sogar verflixt schmerzhaft sein, aber mit der Zeit und genügend Übung wird aus dem Schmerz ein schlichtes Missbehagen. Man kann länger laufen, bevor es wehtut, oder es schmerzt etwas weniger, weil man sich daran gewöhnt hat. Irgendwann findet man dann sogar Spaß daran, oder man hält es zumindest für sinnvoll, sodass man die Qualen bereitwillig in Kauf nimmt. Man fühlt sich fitter, es stellt sich eine gewisse Leichtigkeit ein, und vielleicht ertappt man sich sogar dabei, dass man sich auf die Laufrunde freut.

Und genau das ist das Entscheidende an der Sache: dass man den Sinn hinter den Anstrengungen erkennt und die Bewegung zu schätzen lernt. Denn wenn man denkt, die Mühen bringen im Grunde nichts, hat das Laufen keinen großen Wert. Dann kann man sich genauso gut mit einem Besenstiel gegen die Schienbeine hauen. Und mal ehrlich, warum sollte man so etwas Sinnloses tun?

Das Laufen ist in vielerlei Hinsicht kein Vergnügen. Es ist unheimlich schwer, sich vor die Tür zu schleppen, wenn es draußen zu heiß oder zu kalt ist, zu verregnet, zu windig, zu irgendwas. Aber wer drauf wartet, dass das Wetter perfekt zum Laufen ist, wird vermutlich nur selten dazu kommen.

Ich muss da an dieses alte Sprichwort denken, das dieses Dilemma sehr schön auf den Punkt bringt: Es gibt kein falsches Wetter, nur falsche Kleidung. An den äußeren Bedingungen kann man nichts ändern. Das Einzige, woran man schrauben kann, sind die Kleidung und die innere Einstellung. Ich will damit nicht sagen, dass man auch bei eisigem Wind und minus zehn Grad oder bei schwülen vierzig Grad frohen

Mutes laufen gehen soll. Und genauso wenig muss man jeden Schritt mit einem Grinsen im Gesicht laufen. Ich will damit nur sagen, dass man seinen Arsch vor die Tür bequemen und anfangen soll. Man muss es ja nicht jedes Mal supertoll finden oder so tun, als wurde man einen Mordsspaß daran haben. Aber wenn man Glück hat, stellt man schon kurz nach dem Loslaufen fest, dass es halb so schlimm ist.

OFFIZIELLER KALENDER FÜR PERFEKTES LAUFWETTER

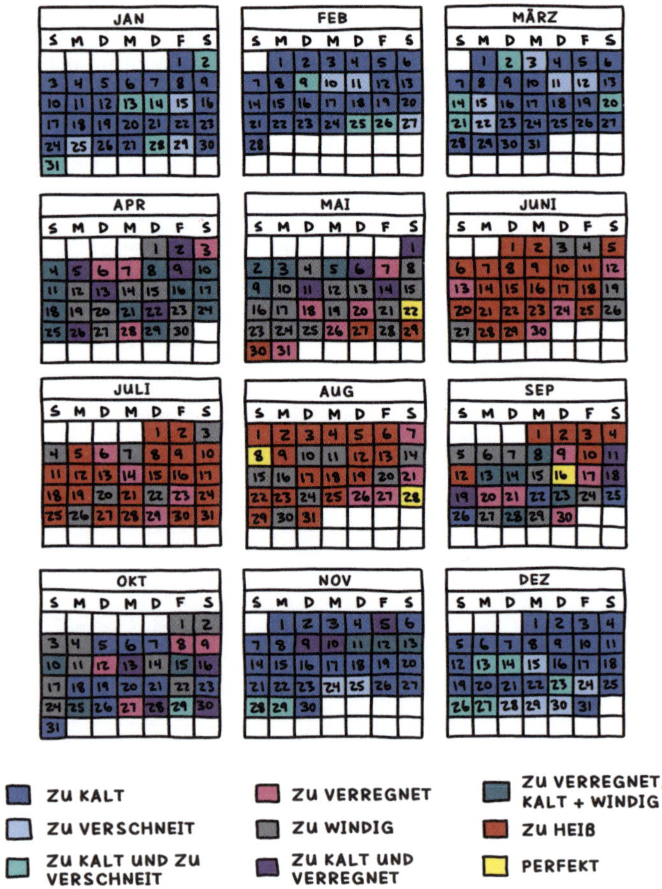

Es gibt ein breitgefächertes Angebot an Produkten, die beim Laufen bei widrigen Witterungsbedingungen hilfreich sind. Am besten aber ist es, einfach rauszugehen und sich mit dem Wetter abzufinden. Denn die einzige erwiesenermaßen wirksame Methode, sich an frostige Temperaturen zu gewöhnen, ist, bei frostigen Temperaturen rauszugehen. Wenn es also kalt ist, mach die Zwiebel: Zieh mehrere Schichten übereinander an, sodass dir warm genug ist, du aber nicht schwitzt. Wenn es heiß ist, lauf langsamer oder früh am Morgen. Wenn es regnet, tja, dann wirst du eben nass. Und wenn du in der Nähe eines aktiven Vulkans lebst, der Lava und Asche spuckt, dann sieh zu, dass du dich in Sicherheit bringst.

Hier noch eine weitere zeitlose Weisheit zum Thema Langstreckenlauf: Die erste Hälfte einer Strecke läuft man mit den Beinen, die zweite mit dem Kopf.

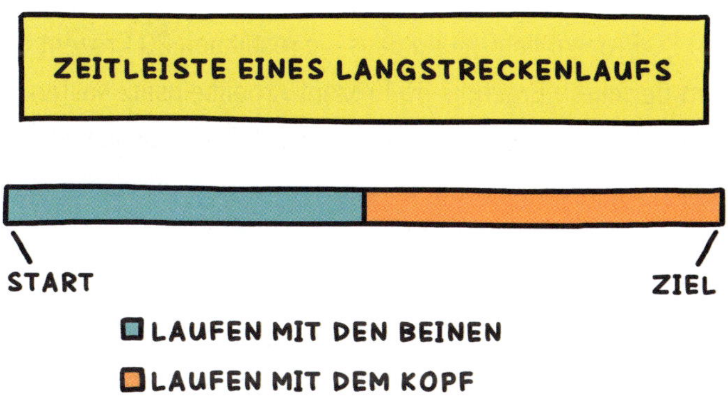

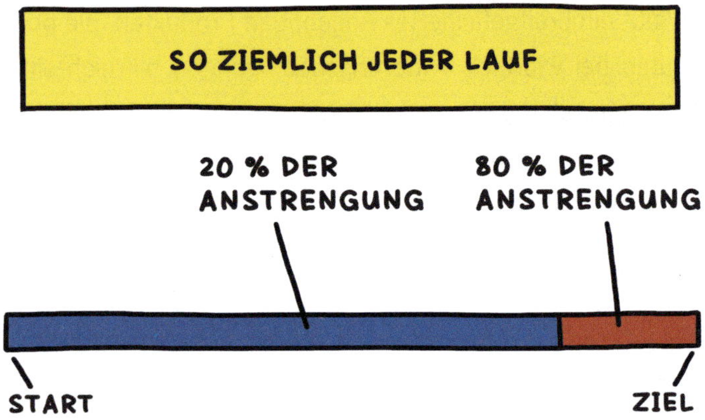

Ganz gleich, welche Strecke du läufst (und nicht nur beim Ultramarathon), wirst du feststellen, dass dein Kampfgeist mal sehr stark und dann wieder völlig am Boden ist. Beim Laufen habe ich immer die 80/20-Regel vor Augen. Diese einfache Regel aus dem Arbeitsleben, auch Pareto-Prinzip genannt, besagt, dass bereits 20 Prozent Arbeitseinsatz einen Erfolg von 80 Prozent liefern und dass die restlichen 20 Prozent bis zum perfekten Ergebnis 80 Prozent Arbeitseinsatz kosten.

Diese letzten 20 Prozent können sich im Vergleich zu den ersten 80 qualvoll in die Länge ziehen, und oft würde man kurz vor dem Ende am liebsten alles hinschmeißen. Bei den meisten Läufen ist es ähnlich: Die letzte Etappe ist die schlimmste. Aber wenn man durchhält, wird man feststellen, dass das letzte Stück im Grunde der wichtigste Teil ist.

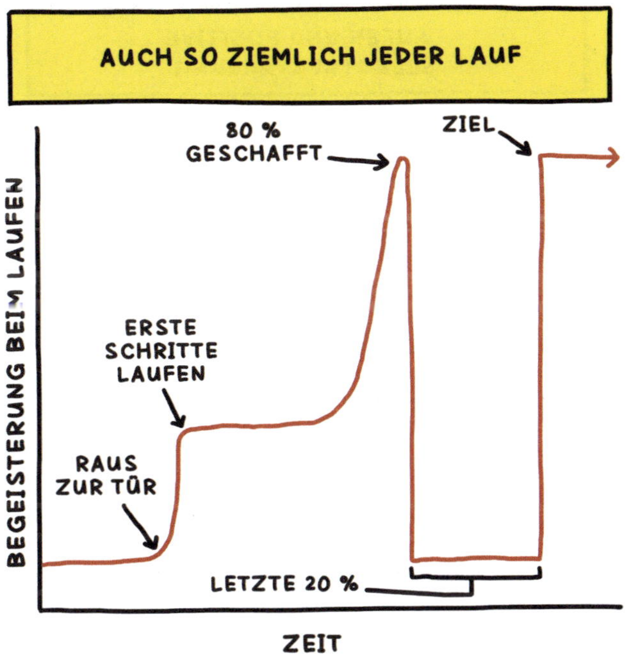

Wenn ich merke, dass es anstrengend wird, konzentriere ich mich einfach voll und ganz auf meine Bewegungen und sage mir, dass es mir gut geht. Hätte ich ein Mantra, wäre es: »Dir geht's gut. Du machst das prima. Alles ist gut.«

COURTNEY DAUWALTER, Weltspitze im Ultramarathon

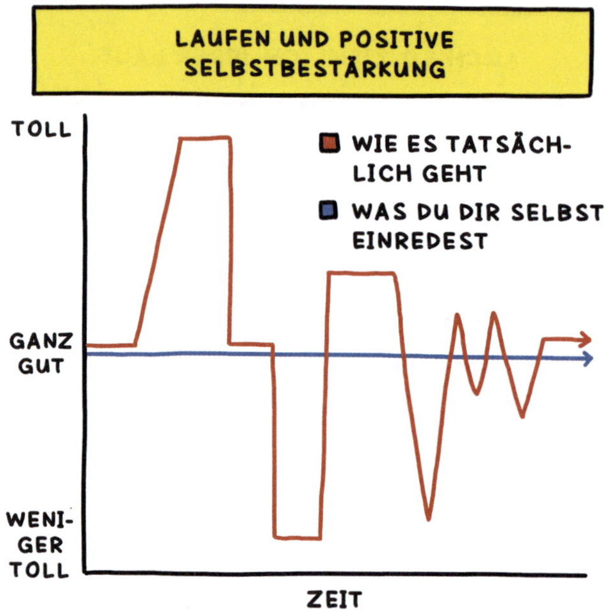

Und was hast du jetzt davon, dass du das alles auf dich nimmst? Also zum einen wäre da das viel zitierte »Runner's High«, jenes Gefühl der Euphorie, das uns während des Laufens oder kurz danach erfasst, weil unser Körper Endorphine und andere chemische Stoffe ausschüttet. Das ist ein netter Nebeneffekt.

Überwindet man sich und bequemt sich aus der eigenen Komfortzone heraus (am besten mehrmals die Woche über eine angemessen lange Zeit), dann stellt sich nach und nach noch ein weiterer positiver Effekt ein: Man erhöht die eigene Toleranz für Hürden und Herausforderungen, und zwar auch in anderen Lebensbereichen.

Ich bezeichne das gerne als den »Wenn ich soundso viele Kilometer laufen kann, kommen mir auch soundso viele nicht mehr so schlimm vor«-Effekt. Und genauso verhält es sich mit anderen schwierigen Situationen. Vielleicht findet man es nicht mehr so schlimm, draußen im Regen zu stehen und auf den Bus zu warten. Oder es ist kein Weltuntergang mehr, wenn der Aufzug mal wieder kaputt ist und man die Treppe hochsteigen muss. Vielleicht plagen einen die üblichen Wehwehchen nicht mehr ganz so stark, oder man spürt sie plötzlich überhaupt nicht mehr. Vielleicht hat man plötzlich keine Angst mehr davor, vor einem größeren Publikum zu sprechen, oder das wöchentliche Meeting bereitet einem keine Bauchschmerzen mehr. Kurz gesagt: Man wird insgesamt taffer. Natürlich nicht so taff wie Charlize Theron in *Atomic Blonde,* als könnte man jederzeit eine Horde Profikiller im Nahkampf entwaffnen und außer Gefecht setzen, sondern eine im Alltag viel hilfreichere Art von taff, zumindest für alle diejenigen unter uns, die nicht als Spione im Auftrag Ihrer Majestät unterwegs sind. Verbringt man einen Teil der eigenen Zeit in der sprichwörtlichen »Folterkammer«, kommen einem die alltäglichen Herausforderungen gleich viel kleiner vor, weil man die eigene Toleranzschwelle für alles Unangenehme erhöht (und den Ruhepuls senkt).

Gleichzeitig ist man in der Lage, viel weitere Strecken zu laufen. Schafft man anfangs gerade mal anderthalb bis zwei Kilometer, bevor man glaubt, dass man zusammenbricht, erscheinen einem acht Kilometer absolut utopisch. Aber wenn man dranbleibt, wird so ein anderthalb bis drei Kilometer weiter Lauf bald zum Kinderspiel. Und irgendwann sind auch die fünf Kilometer kein Selbstmordkommando mehr. Danach packt man die sechs und dann die acht Kilometer. Und wenn man die acht Kilometer erst mal ganz gemütlich bewältigt, dann erscheinen einem die drei Kilometer wirklich pipileicht, und vielleicht macht das Laufen auf einmal Spaß. Dieses Phänomen rührt nicht etwa daher, dass die Strecke kürzer geworden wäre; nein, man selbst hält einfach mehr aus. Und wenn man abgehärteter ist, kommen einem viele Dinge plötzlich weniger hart vor.

Schmerz ist unvermeidlich,
Leiden ist eine Option.

HARUKI MURAKAMI, ***Wovon ich rede,***
wenn ich vom Laufen rede

ENDLOSSCHLEIFE DER LAUFFREUDE

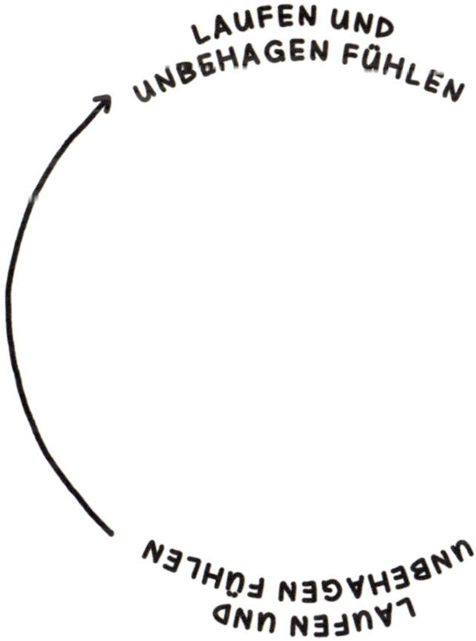

6.
LAUFEN MACHT DICH ZUM LÄUFER

Das könnte ich nicht – ich bin kein Läufer.

Viele Leute

Vergiss das Substantiv, nimm das Verb.

AUSTIN KLEON, *Gib nicht auf! 10 Wege für mehr Kreativität an guten und schlechten Tagen*

Folgendes Szenario: Du stößt auf eine Stellenanzeige für einen Job, der dich mehr reizt als deine aktuelle Arbeit. Du hattest noch nie eine vergleichbare Position, aber du erfüllst den Großteil der Anforderungen, also überlegst du dir, dich darauf zu bewerben. Du bist überzeugt, dass du für den Job qualifiziert bist.

Die Personalabteilung des Unternehmens tritt mit dir in Kontakt und lädt dich zu einem Vorstellungsgespräch ein. Jetzt musst du diese Leute auch noch überzeugen, dass du für den Posten genau der oder die Richtige bist. Man stellt dir in etwa die folgende Frage: »Also, (Namen einfügen), erzählen Sie uns doch mal, warum Sie die perfekte Besetzung für die Stelle als (Stellenbezeichnung einfügen) sind.« Deine Antwort könnte so aussehen:

a. Du zählst kurz auf, was dich deiner Meinung nach für den Job qualifiziert.

oder

b. »Ach, wissen Sie, ich bin gar nicht als (Stellenbezeichnung einfügen) ausgebildet. Ich könnte das niemals machen.«

Die korrekte Antwort lautet natürlich a. Du willst den Job doch, oder? Die Arbeit reizt dich, du kriegst mehr Kohle dafür oder du hast einen kürzeren Arbeitsweg – was es auch ist, du tust dein Bestes, um dich und deinen zukünftigen Arbeitgeber davon zu überzeugen, dass du der optimale Kandidat für den Posten bist. Jeder normale Mensch würde es so machen.

Ganz anders sieht es in unserem Fall aus: Es wird niemals eine Stellenausschreibung für einen »Läufer« geben. Du wirst kein Vorstellungsgespräch mit Leuten führen müssen, die entscheiden, ob du für den Job geeignet bist. Du brauchst keinen Lebenslauf zu schreiben, um dich für die Stelle als Läufer zu bewerben. Falls doch, könnte der folgendermaßen aussehen:

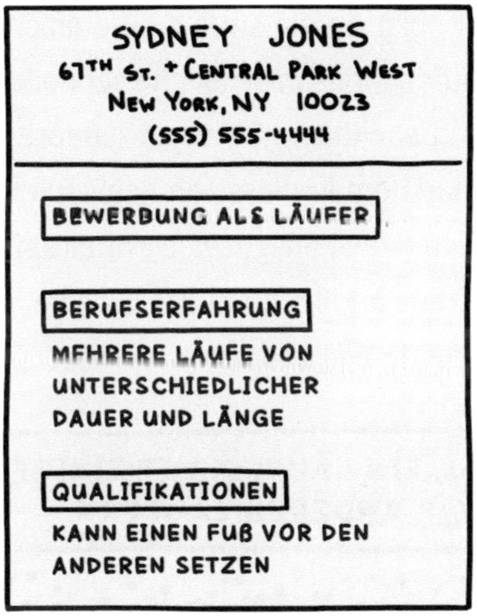
SYDNEY JONES
67TH ST. + CENTRAL PARK WEST
NEW YORK, NY 10023
(555) 555-4444

BEWERBUNG ALS LÄUFER

BERUFSERFAHRUNG
MEHRERE LÄUFE VON UNTERSCHIEDLICHER DAUER UND LÄNGE

QUALIFIKATIONEN
KANN EINEN FUẞ VOR DEN ANDEREN SETZEN

Das Einzige, was man tun muss, um Läufer zu werden, ist laufen. Ja, ganz genau. Du tust es einfach, und irgendwann merkst du, dass du nicht mehr einfach nur läufst – du bist Läufer. So in etwa:

LAUFEN
LAUFEN
LAUFEN
LAUFEN
LAUFEN
LAUFEN
LAUFEN
LAUFEN
+ LAUFEN

LÄUFER

Wenn du läufst, bist du ein Läufer, so einfach ist das. Manche von uns laufen langsam, manche schneller. Manche von uns bewältigen beachtliche Strecken, andere rennen richtig weit. Wir alle sind dem Einfluss von Schwerkraft, Wind, Hitze und unserem Frühstück ausgesetzt. Wir alle sind Läufer, und wir alle gehen raus und machen das Gleiche, aber jeder von uns tut es auf seine Weise.

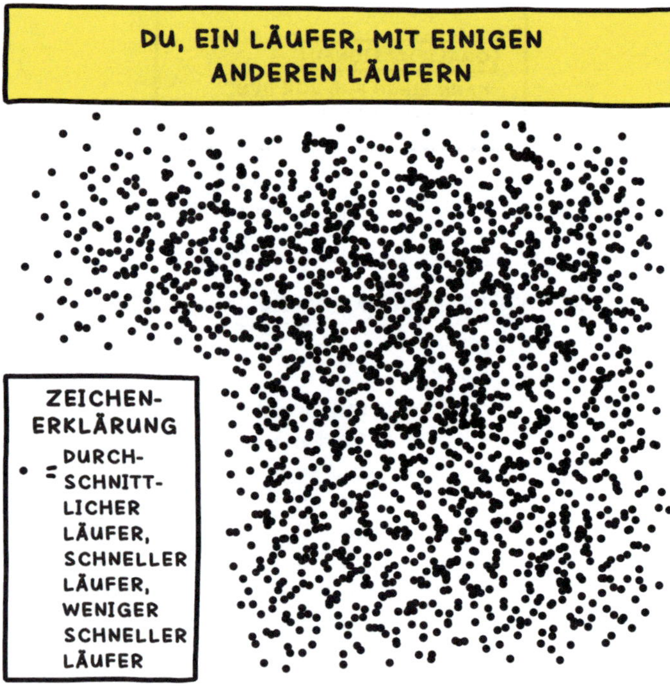

Wie oft hört man den Satz: »Ich bin kein richtiger Läufer.« Wir alle sind Läufer; nur laufen manche etwas schneller als andere. Ich habe noch nie einen falschen Läufer getroffen.

BART YASSO, ehemaliger Chief Running Officer (CRO) von *Runner's World*

7.
INSPIRATION IST KEINE STRATEGIE

Verlassen Sie sich nicht auf Motivation.
Verlassen Sie sich auf Disziplin.

JOCKO WILLINK, *Der Weg der Disziplin: Wie man Schwächen besiegt, Angst überwindet und den Weg zur inneren Ruhe findet*

Ich glaube an die Inspiration, genau wie jeder, der sich schon öfter die Trainingsszenen aus den *Rocky*-Filmen angesehen hat. Inspiration ist eine feine Sache. Sie schürt in uns den Wunsch, etwas Neues oder anderes auszuprobieren, uns als Menschen weiterzuentwickeln, uns ein neues Ziel zu stecken, von dem wir nicht sicher sind, ob wir es erreichen können.

Was Inspiration nicht kann, ist, dich im Dunkeln und bei Eiseskälte aus dem Bett locken, um eine Runde laufen zu gehen. Außerdem bleibt Inspiration in unserem Gehirn nicht auf gleichbleibendem Niveau erhalten. Klar, während man Will Smith bei einem seiner Monologe in *Das Streben nach Glück* an den Lippen klebt, ist man Feuer und Flamme und ballt die Faust, bereit, es mit der ganzen Welt aufzunehmen. Aber innerhalb weniger Tage brennt das Feuer der Inspiration zu einem schwachen Flämmchen herunter. Vielleicht ist es sogar komplett erloschen. Die Erinnerung daran reicht vermutlich nicht aus, um dich zu einer Trainingseinheit zu motivieren. Sie bringt dich vielleicht noch nicht mal dazu, dass du deine Sportklamotten anziehst. Also was tun?

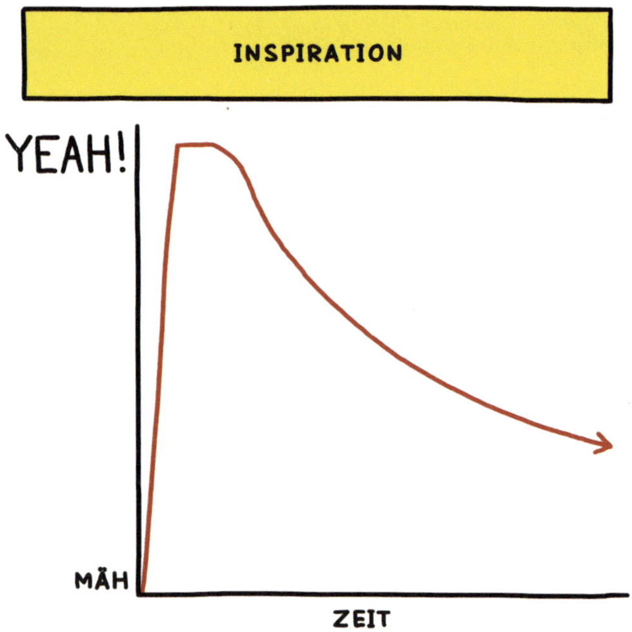

Inspiration ist ein Funke, kein Feuer. Sie kann ein Feuer entfachen, aber dafür muss man Brennstoff in die Flammen geben, Tag für Tag, Woche für Woche, damit es weiterbrennt. Ungefähr so:

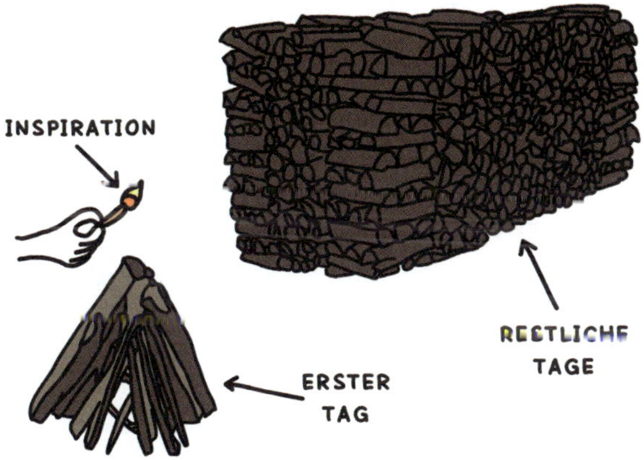

Was also könnte dich motivieren, weiter Brennholz zu hacken, damit das Feuer nicht erlischt und du auch den weniger aufregenden Teil durchziehst, bei dem die Inspiration nicht wirkt?

Ich persönlich empfehle ein System, das ich von meinem Vater gelernt habe. Eine Strategie, die er selbst entwickelt und 42 Jahre lang erfolgreich angewendet hat, bis zu seiner Pensionierung. Es nennt sich schlicht: zur Arbeit erscheinen. Er stand regelmäßig jeden Werktag um fünf Uhr morgens auf, sechs Tage die Woche, und machte seinen Job. Das ist alles. Er ist einfach zur Arbeit gegangen. Wenn du selbst mal über einen längeren Zeitraum einen festen Job hattest, kennst du diese Strategie vermutlich: Man steht auf und geht hin, selbst an den Tagen, an denen man sich weniger

»inspiriert« fühlt und eigentlich keinen Bock hat. An manchen Tagen schafft man es mühelos, an anderen merkt man, dass man so gar nicht in die Puschen kommt, aber man schleppt sich nichtsdestotrotz hin, Tag für Tag.

Beim Laufen ist es nicht anders: Du gehst da raus, und dann machst du deinen Job und kriegst dafür deinen Lohn. Wobei, in dem Punkt unterscheidet sich das Laufen schon von richtiger Arbeit, weil dich nämlich keiner dafür bezahlt. Und normalerweise gibt es auch keinen kostenlosen Kaffee. Auch das Laufen fühlt sich manchmal an, als wäre man im berühmten Hamsterrad, aber man bekommt dennoch einiges zurück, nämlich Freude, Freiheit, einen klaren Kopf und vieles mehr.

Inspiration ist für Amateure.
Der Rest von uns kommt und
macht sich an die Arbeit.

CHUCK CLOSE

Ich verrate dir jetzt noch eine weitere Taktik, die mich persönlich nie im Stich lässt: Ich nenne es meinen »Angstbasierten Fitnessplan«. Diese Strategie umfasst vier einfache Schritte:

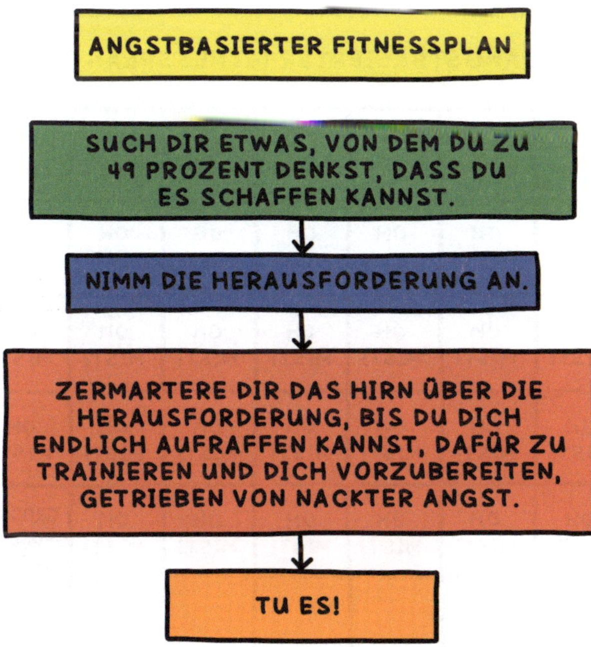

Mit diesem Plan könnte der Monat bis zu dem großen Moment, wenn du die große Sache in Angriff nimmst, folgendermaßen aussehen:

ANGSTBASIERTER FITNESSPLAN						
					1 OH MIST!	2 OH MIST!
3 OH MIST!	4 OH MIST!	5 OH MIST!	6 OH MIST!	7 OH MIST!	8 OH MIST!	9 OH MIST!
10 OH MIST!	11 OH MIST!	12 OH MIST!	13 OH MIST!	14 OH MIST!	15 OH MIST!	16 OH MIST!
17 OH MIST!	18 OH MIST!	19 OH MIST!	20 OH MIST!	21 OH MIST!	22 OH MIST!	23 OH MIST!
24 OH MIST!	25 OH MIST!	26 OH MIST!	27 OH MIST!	28 OH MIST!	29 OH MIST!	30 GROSSE GRUSLIGE SACHE
31						

Die große gruslige Sache in deinem Kalender soll dir keine schlaflosen Nächte bereiten, nicht für Herzrasen sorgen und keine Panikattacken oder Angstzustände auslösen (wir haben schließlich vor, zu besseren Menschen zu werden, und nicht uns das Leben zu vermiesen). Aber ein bisschen Angst machen sollte sie dir. Und anspruchsvoll genug sein sollte sie auch. Genug, um dich zur Vorbereitung zu motivieren, genug, damit du rausgehst und deinen Job machst, statt Ausreden zu erfinden. Denn wenn der Tag, an dem die große gruselige Sache im Kalender steht, gekommen ist, spielt keine von den vielen Ausreden, die du dir aus den Fingern saugst, mehr eine Rolle. Jetzt zählt nur noch, ob du vorbereitet bist oder nicht.

TRAININGSWOCHE FÜR EINEN 20-KM-LAUF

6 KM		3 KM
		»ZU KALT«
3 KM		4 KM
5 KM	VS.	»ZU BESCHÄFTIGT«
2 KM		3 KM
		»ZU VERKATERT«
+ 4 KM		+ HANGOVER
20 KM		10 KM

Wir alle haben einen Menschen im Leben, den wir nie enttäuschen würden. Vielleicht ist es das eigene Kind, vielleicht ist es die Chefin, oder es ist der Ehepartner oder alle zusammen. Wer auch immer diese eine Person ist, wir finden immer einen Weg, für sie da zu sein wie versprochen – und zwar pünktlich, ohne Murren, ohne Ausreden.

Wenn es ums Laufen geht, musst du selbst diese Person sein, die du um keinen Preis enttäuschen willst. Wenn du dich selbst an die erste Stelle setzt, wirst du es locker schaffen, dir ein paarmal die Woche eine Stunde Zeit für dich zu nehmen, ohne zu kneifen. Du bist einfach für dich selbst da.

Wenn es dein großes Ziel ist, am Dienstag sechs Kilometer zu laufen, dann läufst du am Dienstag diese sechs Kilometer. Du machst keinen Rückzieher auf den letzten Drücker, genauso wenig, wie du deine Kinder draußen vor der Schule stehen lassen würdest, obwohl du ihnen versprochen hast, sie abzuholen. »Verantwortungsbewusstsein« ist lange kein so geflügelter Begriff wie »Inspiration«, aber ich wage zu behaupten, dass es um einiges wichtiger ist.

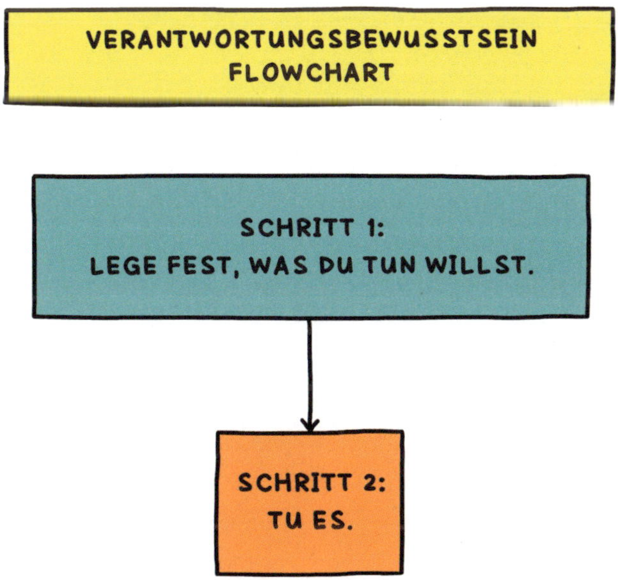
VERANTWORTUNGSBEWUSSTSEIN FLOWCHART
SCHRITT 1:
LEGE FEST, WAS DU TUN WILLST.
SCHRITT 2:
TU ES.

8.
SCHREIB DEINE EIGENE ERFOLGSSTORY

Anfangs fällt es dir vielleicht schwer zu begreifen, dass es nicht darum geht, besser zu sein als die anderen Läufer. Irgendwann aber kapierst du, dass deine einzige Konkurrenz die leise Stimme in deinem Kopf ist, die dich zum Aufhören überreden will.

DR. GEORGE SHEEHAN, Autor und Kolumnist bei *Runner's World*

Den folgenden Spruch aus der Welt des Sports kennst du vielleicht: »Zweiter Platz ist erster Verlierer.« Angeblich ist er als Motivation gedacht, aber im Grunde reduziert er die vielen Gründe, die für den Sport sprechen, auf einen einzigen: das Gewinnen. Wie so viele habe ich in meiner Jugend verschiedene Sportarten gemacht, und natürlich hat nie eine meiner Mannschaften je eine Meisterschaft gewonnen. Hat mir die ganze Anstrengung dann überhaupt irgendwas gebracht? Ich denke, schon. Ich habe zum Beispiel sehr viel über Teamgeist gelernt und hatte großen Spaß dabei, auch wenn wir rein technisch gesehen die kompletten Loser waren.

Beim Western States 100, dem weltweit bekanntesten 100-Meilen-Lauf, haben die Teilnehmer 30 Stunden Zeit für die Strecke. Jahr für Jahr laufen die Besten irgendwann nach 14 bis 20 Stunden durchs Ziel. Die mehr als 300 restlichen Läufer beenden das Rennen ungefähr zehn Stunden später.

Einige schaffen es noch in der sogenannten »Golden Hour«, das ist die letzte Stunde vor dem offiziellen Ende, über die Ziellinie, und rund 50 Teilnehmer geben vor dem Ziel auf.

Im Jahr 2015 legte eine 70 Jahre alte Läuferin namens Gunhild Swanson das dramatischste Finale aller Zeiten hin. Als sie auf den Sportplatz der Placer High School lief und die letzte halbe Meile in Angriff nahm, begleitete sie ein Dutzend Leute, und die vielen Hundert Zuschauer, die sie auf den Tribünen bereits erwarteten, feuerten sie begeistert an. Die Leute entlang der Strecke ließen den Blick zwischen der offiziellen Wettbewerbsuhr und Swanson hin- und herwandern, während Swanson sich die ovale Bahn entlangkämpfte. Zahlreiche Menschen überquerten schreiend und jubelnd das Innenfeld zur Ziellinie, Kameras und Handys über den Köpfen, um diesen unglaublichen Moment für die Ewigkeit festzuhalten.

Swanson lief buchstäblich in letzter Minute durchs Ziel, genauer gesagt mit einer Zeit von 29:59:54, gerade mal sechs Sekunden vor dem offiziellen Ende des Laufs. Die Anwesenden brachen in Jubelschreie aus; sie fielen einander in die Arme, standen mit gereckten Fäusten da und kreischten und klatschten, als hätte man eben die Fußballweltmeisterschaft gewonnen. Und das, obwohl Gunhild Swanson als Letzte durchs Ziel gelaufen war. Der Gesamtsieger Rob Krar hatte das Rennen mehr als 15 Stunden vor ihr beendet, aber selbst er war völlig überwältigt und lief einen Teil der letzten Meile neben Swanson her.

Wer an diesem Tag unter den Zuschauern war oder je ein Video von Gunhild Swansons »Golden Minute« gesehen hat, käme nie auf die Idee, sie als Verliererin zu bezeichnen. Ich würde sogar sagen, dass sie die 254te Gewinnerin des Western States 100 von 2015 war.

Wenn man nicht mehr zu den Jüngsten zählt, hat das einen Vorteil: Kaum einer von uns Gruftis hat eine reelle Chance, so ein Rennen zu gewinnen. Deshalb müssen wir uns andere Gründe suchen, aus denen wir mitmachen und die den Lauf für uns zu einem Erfolgserlebnis machen, ohne dass wir eine Siegermedaille mit nach Hause bringen.

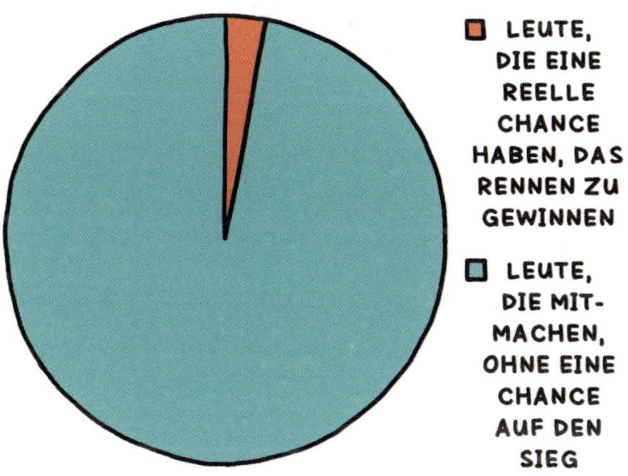

Hier noch ein anderes Diagramm:

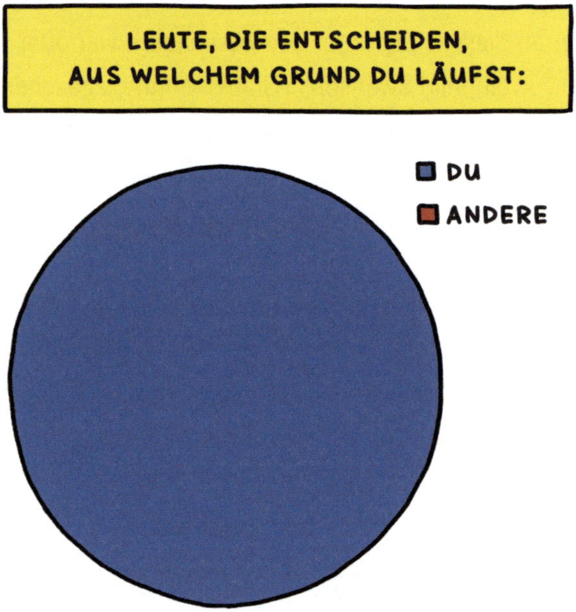

Wenn du an einem Lauf auf offener Straße teilnimmst, wird dir eins nicht erspart bleiben: Die Zuschauer am Straßenrand werden jubeln und dich anfeuern, obwohl du für sie ein wildfremder Mensch bist. Und wenn du dir ein so aufmunterndes Publikum sogar ausdrücklich wünschst, lege ich dir diese Läufe ganz besonders ans Herz. Schreibst du deinen Namen auf das Band mit deiner Startnummer oder auf dein

Shirt, werden sie dich sogar beim Namen rufen und dich antreiben. Da interessiert keinen, ob du Dritter oder 3000ster bist – diese Menschen sind einfach nur begeistert, dass du mit dabei bist.

Natürlich musst du nicht unbedingt an Rennen teilnehmen, um beim Laufen Erfolg zu haben. Du kannst einmal in der Woche fünf Kilometer laufen oder 150 Kilometer innerhalb einer Woche mit nur einem einzigen Tag Pause. Du kannst dich mächtig ins Zeug legen, um schneller zu werden, oder du genießt einfach ganz entspannt die Bewegung an der frischen Luft. Du kannst auch die ganze Zeit nur rückwärtslaufen, wenn dir danach ist. Der Erfolg besteht darin, sich ein Ziel zu setzen, daran festzuhalten und es zu erreichen, ganz egal, wie es aussieht.

Laufen bedeutet Freiheit. Du bist keinem Chef Rechenschaft schuldig über deine Fortschritte, du wirst nicht nach deiner Leistung oder deinen Ergebnissen beurteilt, du musst niemandem darüber Bericht erstatten, und du musst nichts dazu in den sozialen Netzwerken posten (kannst es aber jederzeit tun, wenn du möchtest). Du allein entscheidest, wie viel du dir selbst abverlangen willst und was das Laufen für dich bedeutet.

Die Einstellungen zum Laufen sind verschieden. Wenn du dich zu einem Lauf anmeldest und dein dreijähriges Kind fragt dich, was du da machst, wirst du wohl kaum ein Video von Gail Devers beim Sieg im 100-Meter-Lauf bei den olympischen Sommerspielen 1996 aufrufen und sagen: »Siehst du das? Das ist Laufen. Das mache ich heute auch.« Wahrscheinlicher ist, dass du deinem Kind erklärst, dass du laufen wirst, wie du es immer tust, nur mit vielen anderen Leuten zusammen.

Für jeden Einzelnen von uns ist Laufen etwas anderes. Es ist kein konkretes Objekt wie ein 2005er Honda Civic zum Beispiel.

MEIN 2005ER HONDA CIVIC	2005ER HONDA CIVIC EINES BOSTON MARATHON
• SEHR SPARSAM IM VERBRAUCH • KOMPAKT • VERLÄSSLICH • 4-ZYLINDER-MOTOR • 4 TÜREN • 4 REIFEN • 4 RADKAPPEN • 2 PAAR SCHEIN-WERFER • SICHERHEITS-GURTE	• SEHR SPARSAM IM VERBRAUCH • KOMPAKT • VERLÄSSLICH • 4-ZYLINDER-MOTOR • 4 TÜREN • 4 REIFEN • 4 RADKAPPEN • 2 PAAR SCHEIN-WERFER • SICHERHEITS GURTE

MEIN LAUF	QUALIFIKATIONSLAUF FÜR DEN BOSTON MARATHON
• ZIEMLICH ENTSPANNT • KONZENTRATION AUF DIE STRECKE, MÄßIGES TEMPO • NICHT DARAUF FIXIERT, SICH FÜR ETWAS ZU QUALIFIZIEREN • HÄLT MANCHMAL AN, UM SICH EINEN DONUT ZU GENEHMIGEN • GENAU RICHTIG	• STRATEGISCHES TRAINING • KLAR DEFINIERTES ZEITZIEL • FOKUSSIERT DARAUF, SICH FÜR DEN BOSTON MARATHON ZU QUALIFIZIEREN • MACHT VERMUTLICH KEINE DONUT-STOPPS • GENAU RICHTIG

Es gibt ihn nicht, den einen richtigen Weg, um als Läufer erfolgreich zu sein. In einem Jahr kannst du laufen, ohne ein bestimmtes Ziel zu verfolgen, und im nächsten Jahr packt dich plötzlich die Motivation, und du trainierst für einen Marathon.

Alex Lowe, einer der besten Kletterer aller Zeiten, ist bekannt für die folgende Weisheit: »Der beste Kletterer der Welt ist der, der am meisten Spaß hat.« Ich finde, diese Einstellung können wir auf alles anwenden, was wir tun, auch auf das Laufen.

Schneller werden und/oder sich an sein persönliches Limit bringen, sind nur einige der Gründe, aus denen Menschen laufen. Wenn du an alten, negativen und schmerzhaften Erfahrungen festhältst und dich deshalb unter Druck gesetzt fühlst, schneller zu laufen (Sportstunden in der Schule, Leichtathletikunterricht, Sportwettkämpfe und so weiter), dann lass dir eines versichern: Keinen außer dich kümmert es, ob du schnell rennst. Der Schlüssel zum Glück liegt darin, zu dem Läufer zu werden, der am meisten Spaß hat. Es ist nichts falsch daran, möglichst schnell laufen zu wollen, aber es ist genauso legitim, sich an einer eigenen Definition von Erfolg zu orientieren. Erfolg könnte für dich zum Beispiel Folgendes heißen:

- Einen Monat oder ein Jahr lang dreimal die Woche zu laufen.

- Eine bestimmte Strecke innerhalb einer Woche zu laufen.
- So lange zu trainieren, bis du einen 10K-Lauf ohne Verschnaufpause schaffst.
- Dich einer lokalen Laufgruppe anzuschließen und neue Freunde zu finden.
- Jede Woche eine bestimmte Anzahl an Minuten zu laufen, ohne dir Gedanken über die Gesamtstrecke zu machen.
- Jede Woche eine gewisse Anzahl an Minuten an der frischen Luft zu laufen und spazieren zu gehen, ohne dir Gedanken darüber zu machen, wie viel du läufst oder gehst.
- Auf einen bestimmten Hügel hochlaufen zu können, ohne eine Pause machen zu müssen.
- Ausreichend zu laufen, um die Anforderungen deiner Lauf-App zu erfüllen.
- Genügend zu laufen, um den Kauf von neuen Laufschuhen zu rechtfertigen.
- Dich sechs Wochen lang an einen festen Lauf-Plan zu halten, ohne Ausreden.
- Dich mehrere Kilometer aus eigener Kraft fortbewegen zu können und dankbar dafür zu sein.

Sicher, Siegen ist toll – nicht, dass ich bei dem Thema groß mitreden könnte. Ich weiß davon nur vom Hörensagen. Aber Millionen von Menschen sind Läufer, und nur ein winziger Bruchteil von ihnen gewinnt, wenn man es streng sieht. Der Rest läuft einfach nur mit. Folglich muss es doch noch einen anderen Grund dafür geben, stimmt's? Was dieser Grund ist, das ist letztlich dir überlassen.

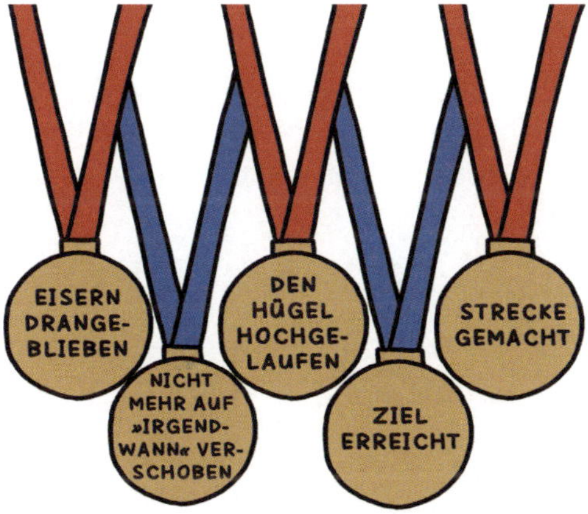

9.
FORTSCHRITT IST KEINE GERADE LINIE

Sieben Mal hinfallen, acht Mal aufstehen.

Japanisches Sprichwort

Knock me down nine times
but I get up ten, bitch.

CARDI B

Wahrscheinlich hat dir das alles schon mal jemand viel Schlaueres als ich erklärt: Es läuft nicht immer alles nach Plan. Man malt sich etwas aus und hat eine klare Vorstellung im Kopf: Man beginne bei Punkt A und folge diversen Schritten, um schließlich bei Punkt B anzukommen. Aber läuft es wirklich jemals so geradlinig? Die meisten Menschen würden dir wohl bestätigen, dass selbst ein penibel durchgeplantes Vorhaben selten ohne Überraschungen und Umwege verläuft und meist auch nicht in der erhofften Reihenfolge – sowohl im positiven wie im negativen Sinn. Meine Wenigkeit bildet da keine Ausnahme: Manchmal kriege ich es nicht mal hin, das simpelste Kochrezept zu befolgen, ohne Überraschungen zu erleben, und oft bleibt es auch nicht bei der vorgegebenen Reihenfolge (zum Beispiel steht in keinem Rezept was von einer Unterbrechung, um den ausgelösten Rauchmelder abzustellen). Dasselbe gilt für den Gang zur KFZ-Zulassungsstelle oder eine komplizierte Wegbeschreibung oder eben einen Trainingsplan für ein bestimmtes Laufziel.

Wir stellen uns so einen Plan folgendermaßen vor:

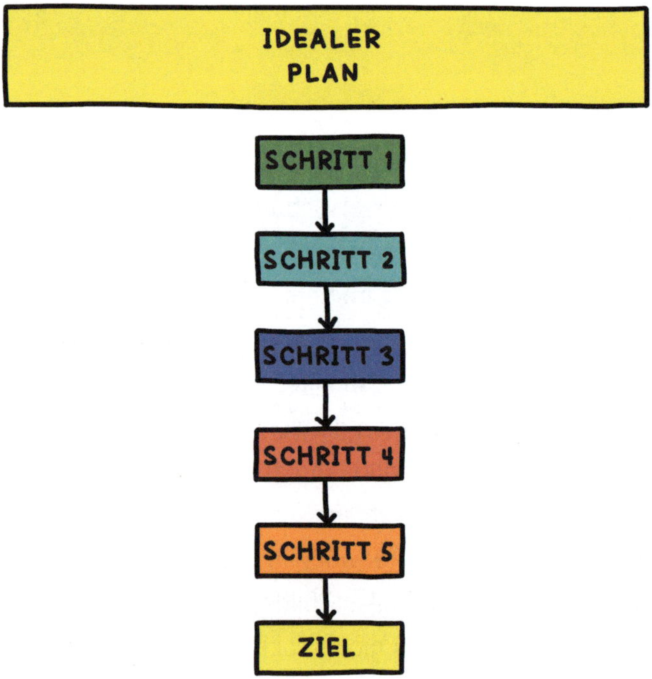

Am Ende aber, nach allen möglichen unerwarteten Problemen und Anpassungen des ursprünglichen Plans, sieht er meist so aus:

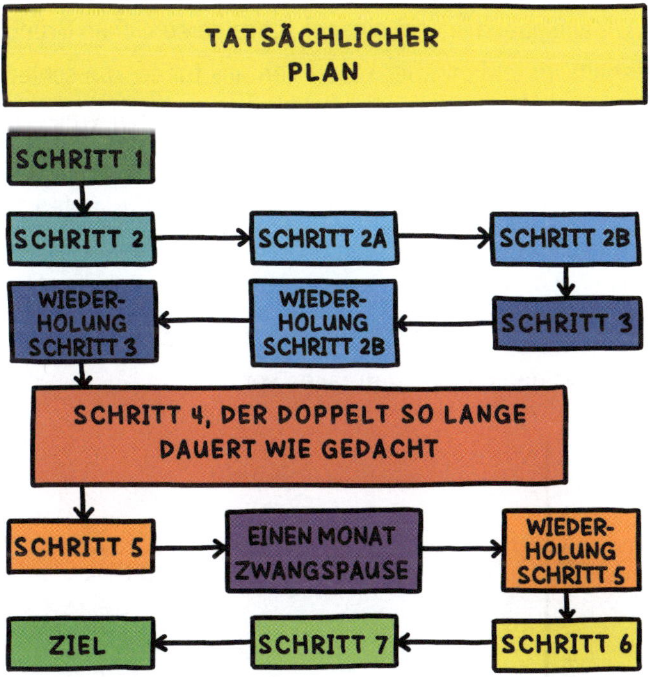

Mit unseren Vorstellungen vom Laufen verhält es sich nicht anders. Manchmal, wenn es gerade richtig gut läuft und wir uns gerade unbesiegbar fühlen, fällt unser Blick nach unten, und wir stellen fest, dass unser Schnürsenkel aufgegangen ist. Oder der kurze Feierabendlauf wird jäh von einem Magen-Darm-Notfall beendet. Oder wir werden während unseres Trainings für das erste große Rennen vom Schienbeinkantensyndrom oder einer Plantarfasziitis überrascht.

Wir alle haben unsere eigenen, ganz persönlichen Gründe, weshalb wir laufen, aber keiner von uns tut es, um schlechter zu werden. Wir alle wollen uns in irgendeiner Weise verbessern, ob wir nun weiter oder schneller laufen wollen oder uns einfach nur besser fühlen, indem wir beim Laufen den Kopf frei kriegen.

Wenn ich ein Ziel vor Augen habe, stelle ich mir den Fortschritt bis dahin folgendermaßen vor:

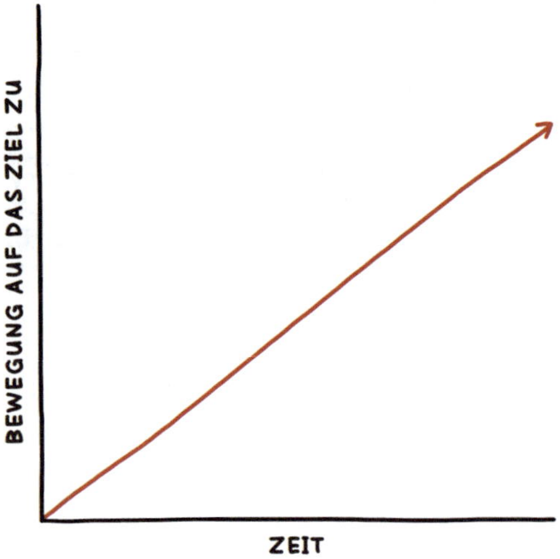

Keine Ahnung, wie es dir geht, aber ich habe keines meiner Ziele über den direkten, geradlinigen und reibungslosen Weg erreicht. Es gab immer Stolpersteine und Rückschläge, größere und kleinere. Für mich gibt es zwei Arten, mit einem Rückschlag umzugehen. Eine Möglichkeit ist Aufgeben:

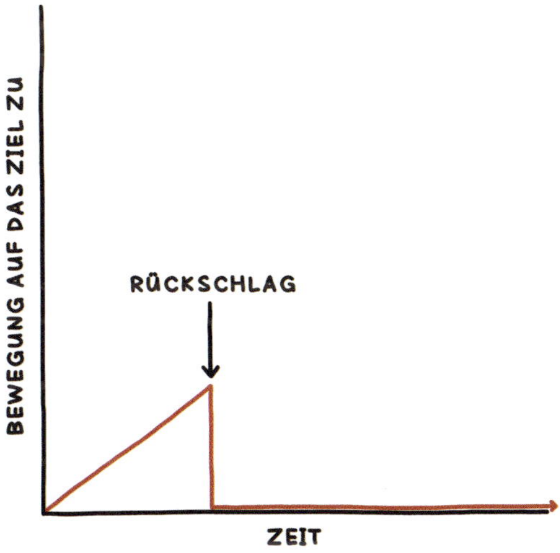

Natürlich wird das Leben nicht leichter, wenn man jedes Mal gleich die Hände hochreißt und kapituliert, sobald man sich mit der kleinsten Hürde konfrontiert sieht. Und mächtig unbefriedigend ist es obendrein. Die andere Möglichkeit wäre, den Rückschlag als eine Art Pausenknopf auf dem Weg zum eigentlichen Ziel zu betrachten.

Das sieht dann so aus:

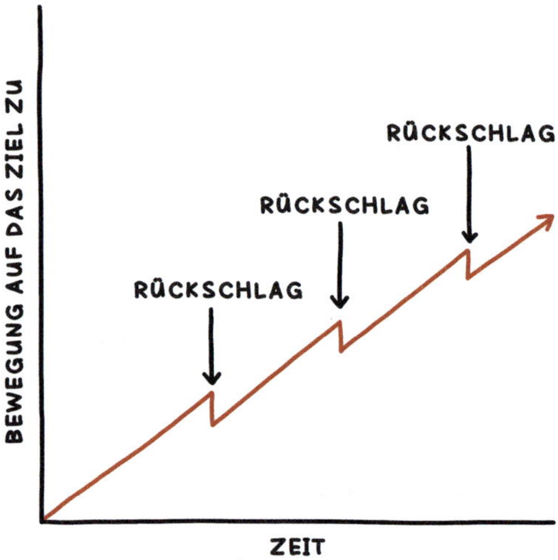

Wenn man sich verletzt, ist das nicht lustig. Wenn man eine Woche vor einem großen Rennen krank wird, ist das nicht lustig. Niemand ist scharf darauf, ein solch großes Vorhaben wegen Schienbeinschmerzen oder Problemen im Job auf das nächste Jahr verschieben zu müssen. Anfangs ist es sicher frustrierend, wenn man die eigenen Träume neu denken muss, und den Nutzen sieht man oftmals erst im Nachhinein, wenn man zurückblickt und erkennt, was für tolle neue Möglichkeiten sich dadurch aufgetan haben. Vielleicht war es zu dem Zeitpunkt das Beste, was einem passieren konnte, oder man hat eine wichtige Lektion gelernt, die einem sonst entgangen wäre.

Die meisten von uns verfolgen das Laufen als etwas Langfristiges. Wenn wir dann gezwungen sind, unsere Erwartungen anzupassen und ein Vorhaben auf das kommende Jahr oder den kommenden Monat oder auf ein anderes Rennen zu verschieben, bremst uns das aus. Wenn es eine größere Hürde ist, die unser Laufjahr plötzlich zum Stillstand bringt, dann kann sich das so ähnlich anfühlen:

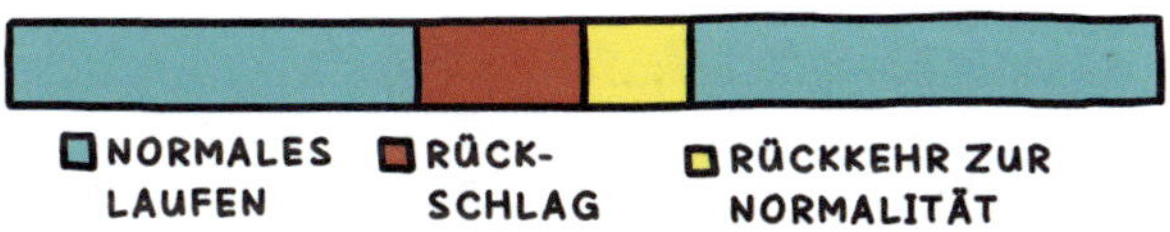

Da wird man für einen großen Teil des Jahres außer Gefecht gesetzt, was natürlich eine riesige Enttäuschung ist. Aber auf einen Zeitraum von, sagen wir, fünf Jahren betrachtet, sieht dieser große Einschnitt so aus:

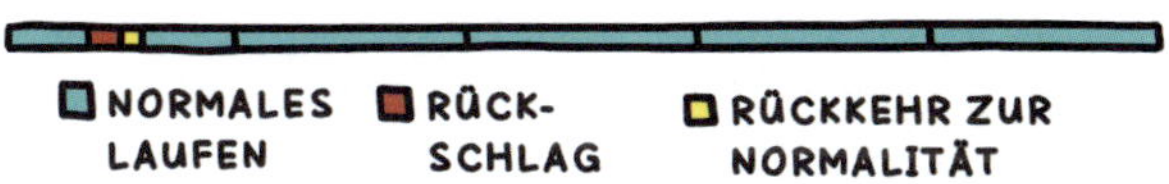

Im Rahmen einer größeren Zeitspanne erscheint dieser Rückschlag läppisch. Und wenn erstmal fünf Jahre rum sind, hat man diese einschneidende Enttäuschung vielleicht längst vergessen und man fragt sich: »Mensch, vor vier oder fünf Jahren, hatte ich da nicht mal diese Verletzung, wegen der ich nicht mehr laufen konnte?«

Abgesehen davon: Wenn du es schaffst, fünf Jahre lang eine gewisse Laufroutine beizubehalten und nur ein einziges Mal eine Zwangspause einlegen musst, würde ich sagen, hattest du verdammtes Glück. Wenn du öfter zum Pausieren gezwungen warst, ist das trotzdem kein Grund, sich zu ärgern (und schon gar nicht aufzuhören). Schließlich liegt es ja nicht daran, dass du nicht für das Laufen geschaffen wärst – solche Schlappen sind normal. Laufen ist, wie jeder andere lohnenswerte Zeitvertreib auch, ein Lernprozess, das heißt, man lernt konstant dazu. Im Falle einer Verletzung oder eines anderen Rückschlags gilt das genauso: Du lernst dazu, ohne gerade aktiv zu laufen, zum Beispiel was du das nächste Mal anders machen musst, damit so etwas nicht nochmal passiert. Oder wie du dich fit hältst, damit dein Wiedereinstieg geschmeidig gelingt, sobald du wieder laufen kannst. Vielleicht lernst du einfach auch, wie sehr dir das Laufen fehlt. In dem Fall sieht dein Fortschrittsdiagramm so aus:

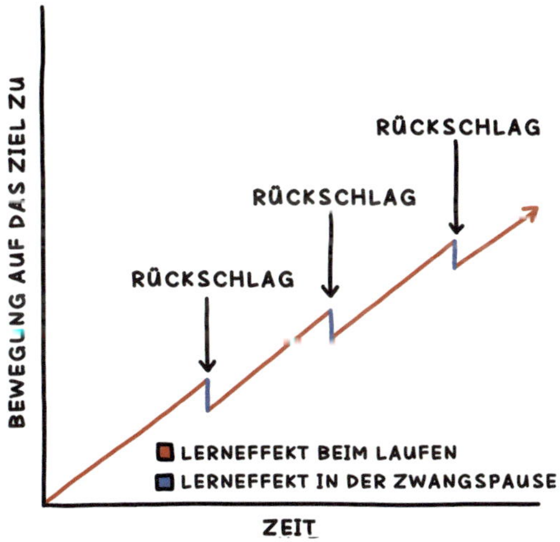

Eine Verletzung weckt in dir vielleicht kurzzeitig das Gefühl, du würdest nicht dranbleiben. Wenn du bei herrlichem Wetter in deinen vier Wänden festsitzt, denkst du möglicherweise, du verpasst was. Aber nimm dir bitte eines zu Herzen: Nur wenn du so einer Verletzung die nötige Zeit zum Heilen gibst und nur wenn du angesichts größerer Hürden, die das Leben dir vor die Füße wirft und die dich zu einer Laufpause zwingen, geduldig bleibst, entwickelst du die nötige Resilienz, um auch auf lange Sicht am Ball zu bleiben. Klar ist so was ein ziemlicher Dämpfer, wenn du erst seit einem Jahr läufst, aber wenn man über mehrere Jahre läuft, ist ein mieses Jahr zwischendrin kein Weltuntergang.

10.
LAUFEN IST NUR DIE HALBE MIETE

So lange mein Herz noch mitspielt,
werde ich weitermachen.
Wenn die Leidenschaft noch da ist –
warum soll man dann aufhören?

DEAN KARNAZES, *Ultramarathon Man:*
Aus dem Leben eines 24-Stunden-Läufers

Die Teilnahme an einem Laufwettbewerb erfordert einiges an »unsichtbarer Arbeit«, wie ich das nenne – Kilometer um Kilometer und Stunden um Stunden müssen gelaufen werden, bevor man es überhaupt an die Startlinie schafft. Wenn jemand sagt: »Hammer, du bist einen Hundert-Meilen-Ultramarathon gelaufen? Respekt«, dann kontere ich mit: »Halb so wild. Vorher musste ich die 1200 Meilen bis zur Startlinie schaffen.«

Jeder, der schon mal bei einem Rennen mitgelaufen ist, weiß, was ich meine. Sich auf einen längeren Lauf vorzubereiten, ist kein Spaziergang – und je länger die Strecke, desto länger die Vorbereitungszeit. Es ist fast absurd, wie viel man trainieren muss, um bestimmte Distanzen zu laufen.

Sieh dir zum Beispiel den typische Trainingsplan für einen Halbmarathon an: Da investiert man locker zwölf Wochen im Voraus in das Training, um sich auf den großen Tag vorzubereiten.

Das folgende Kästchen steht für die geplante Halbmarathonstrecke:

Im Laufe eines typischen zwölfwöchigen Trainingsplans macht man fast 282 Kilometer. Wenn wir diese Strecke in gleich große Häppchen aufteilen, sieht das komplette 12-Wochen-Programm folgendermaßen aus:

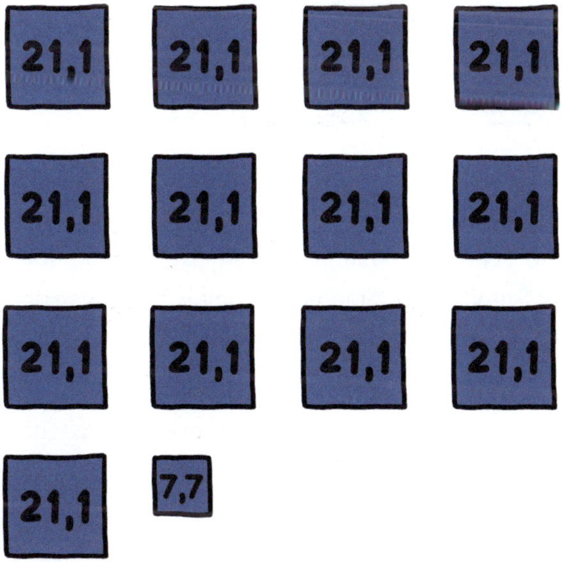

Sieh dir die Trainingsstrecke im Vergleich zum eigentlichen Rennen an.

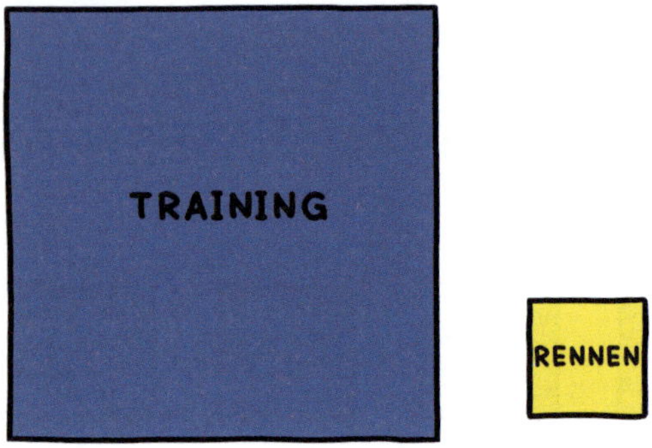

Sagen wir, du läufst während deiner Trainingseinheiten und auch beim Rennen konstant 6 min/km. Dann verwendest du ganze 29 Stunden 20 Minuten auf deine Trainingseinheiten und nur 2 Stunden 11 Minuten für den eigentlichen Halbmarathon.

Sieht letztlich nach ziemlich viel Vorbereitung für eine relativ kurze Strecke aus, nicht wahr? Ja, so ist es. Aber sieh es doch so: Wenn du die Aufgabe hättest, im Job eine 20-minütige Präsentation zu halten, fändest du es doch auch nicht übertrieben, viereinhalb Stunden Arbeit reinzustecken, bevor du deinen Vortrag vor versammelter Mannschaft hältst, stimmt's?

Das Verhältnis von Trainingszeit zu geschaffter Kilometerzahl ist nicht das Entscheidende. Wenn du dich zu einem Laufwettbewerb anmeldest, liegt dein Fokus vor allem auf dem eigentlichen großen Tag. Du überlegst, ob du es ins Ziel schaffen wirst, wie es sich anfühlen wird, was du anziehen wirst, was für neue Zipperlein auftauchen könnten und wie du psychisch und physisch mit der Herausforderung, weiter zu rennen als je zuvor, klarkommen wirst.

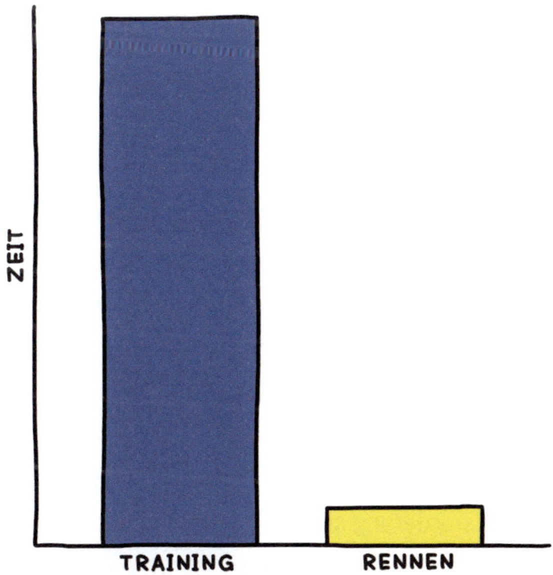

Blöderweise kommt jetzt das große »Aber«. Das Rennen selbst ist gar nicht das, worauf es ankommt. Das Laufen insgesamt ist es, was zählt, also auch die Trainingseinheiten. Du rennst Dutzende von Stunden durch die Nachbarschaft mit dem Ziel, dich auf den großen Tag vorzubereiten. Du bringst dich selbst bis an dein Limit und steigerst dich stetig – auch wenn du dich an manchen Tagen einfach nur mies fühlst, dir alles wie eine sinnlose Plackerei vorkommt und du nicht mit ganzem Herzen dabei bist (von deinem Körper ganz zu schweigen).

Laufen ist toll, wenn du dich in Form bringen oder die Unmengen an Kalorien verbrennen willst, die du jeden Abend in Form von Chips und Süßigkeiten in dich reinstopfst. Noch viel besser allerdings ist es, wenn du es aus einem bedeutsameren Grund machst. Vielleicht tust du es, um dich mental abzuhärten, etwas, das sich auch auf andere Lebensbereiche positiv auswirkt. Vielleicht möchtest du jemandem etwas beweisen. Vielleicht willst du einfach nur ein gutes Vorbild für deine Kinder sein. Vielleicht willst du dir selbst beweisen, dass du es draufhast. Vielleicht willst du dich zusammen mit einer Freundin oder einem Freund einer großen, angsteinflößenden Herausforderung stellen, und ihr habt euch verpflichtet, euch gegenseitig zum Trainieren zu motivieren. Vielleicht hast du dir noch nie im Leben Blasen gelaufen, bis das Blut geflossen ist, und jetzt bist du neugierig, wie sich das anfühlt. Was auch immer deine Beweggründe sind, der Punkt ist folgender: Das Rennen selbst ist nicht entscheidend. Es ist der Weg bis zum großen Tag, auf den es ankommt.

Allgemein hat sich der Gedanke durchgesetzt, dass der Lohn der Arbeit das ist, was am Ende rauskommt – ungefähr so:

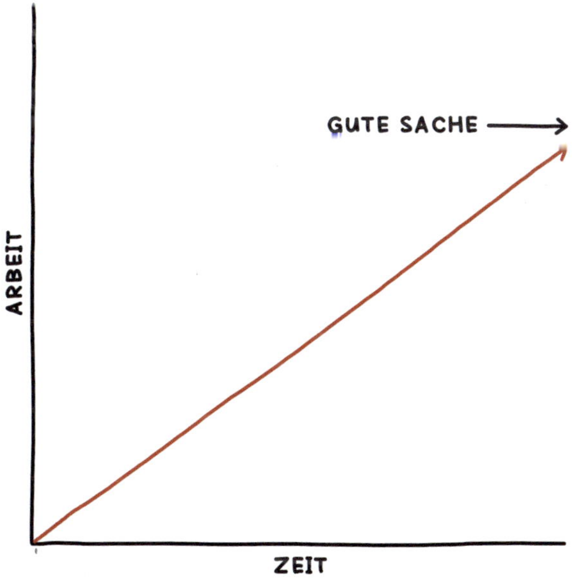

Und das hat sicher auch seine Richtigkeit. Aber wenn du mal genau in dich hineinhorchst, wirst du feststellen, dass du auch schon mittendrin eine gewisse Befriedigung verspürst – ungefähr so:

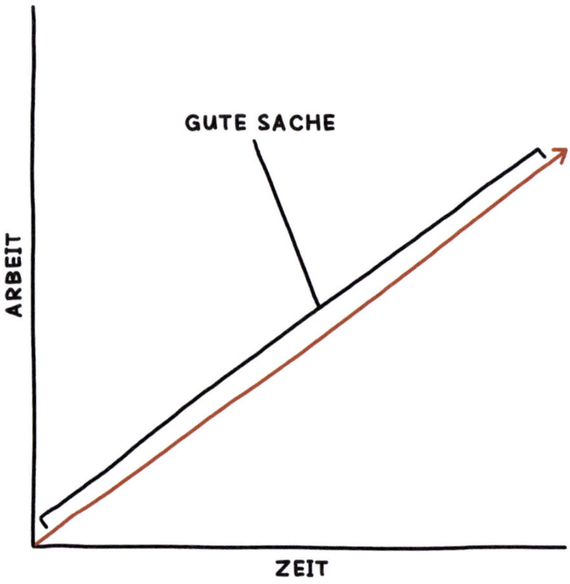

Wenn du dranbleibst, wirst du natürlich auch ein paar unangenehmere Nebeneffekte bemerken, wie steife Gelenke, Muskelkater, Schwielen oder einen nie da gewesenen Hass auf den Wecker, der dich in aller Herrgottsfrühe aus dem Schlaf reißt, damit du deinen morgendlichen Trainingslauf absolvierst. Trotzdem werden die positiven Effekte überwiegen, von denen du zu Beginn deines Trainingsprogramms noch keinen Schimmer hattest. Möglicherweise wirst du feststellen, dass du nachts viel besser schläfst, dass du weniger gestresst bist oder dein Geduldsfaden länger wird. Möglicherweise schmeckt dir das Essen nach einer Laufrunde besser, oder du freundest dich mit den kleinen Schmerzen und Blessuren an, die du am Tag nach einem längeren Lauf spürst, weil sie ein Beweis für das sind, was du geleistet hast.

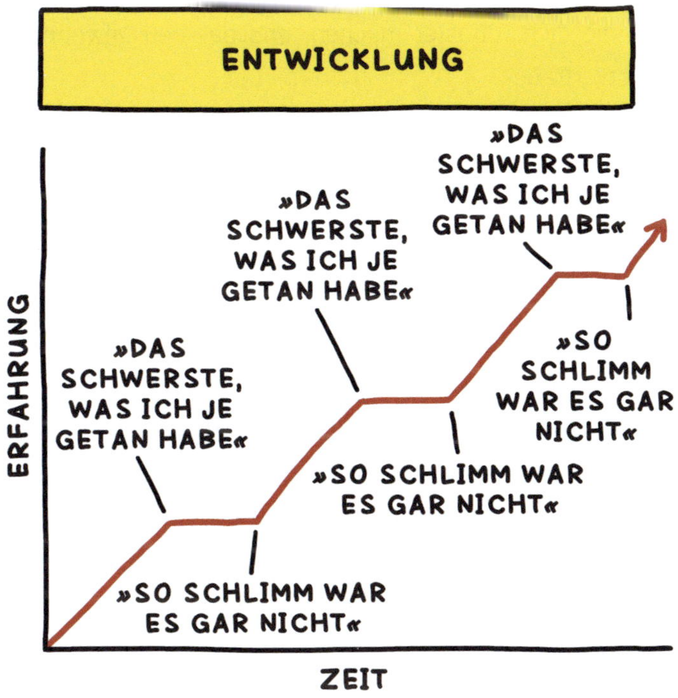

Ganz gleich, wie lang der von dir geplante Lauf ist, du wirst höchstwahrscheinlich ein T-Shirt oder eine Medaille oder eine Gürtelschnalle mit nach Hause nehmen. Und was immer es ist – diese Trophäe wirst du nicht jeden Tag tragen. Was du im Alltag allerdings immer bei dir haben wirst, ist das, was du während des Trainingsprozesses gelernt hast, die vielen kleinen körperlichen und mentalen Veränderungen, die dich robuster machen, und das neu gewonnene Selbstvertrauen.

Wenn du begreifst, dass es beim Laufen nicht darum geht, über die eigenen Grenzen hinauszugehen und etwas zu schaffen, was du nie für möglich gehalten hättest, und erkennst, dass diese Grenzen im Grunde nie da waren, kannst du diese Einsicht auf so gut wie alles übertragen.

ALEXANDRA HEMINSLEY, *Running Like a Girl: Notes on Learning to Run*

In einem Interview von 2017 im Podcast *WTF with Marc Maron* sprach Bruce Springsteen davon, wie er in seinen 20ern und 30ern das Musikmachen lernte, eine Art »Projekt der Selbstverwirklichung«, das ihm die Möglichkeit gab, seine persönlichen Fortschritte anhand seiner Musik zu messen. Für Springsteen ist die Musik ein Prozess, begleitet von Fragen wie »Wird es besser?«, »Werde ich besser?« und »Gewinne ich als Musiker an Anerkennung und dadurch hoffentlich auch als Mensch?«.

Springsteens persönlicher Rückblick lässt sich gut auf das Laufen übertragen. Denn jeder, der mit dem Laufen anfängt und über mehrere Monate oder Jahre dranbleibt, wird sich nicht nur als Läufer weiterentwickeln, sondern auch darüber hinaus: Man beginnt zu verstehen, was es bedeutet, sich einer Sache zu verpflichten, man wird geduldiger und vielleicht lernt man sogar das eine oder andere über Selbstdisziplin. Selbst wenn man nur herausfindet, dass man das nötige Durchhaltevermögen für große Herausforderungen besitzt, ist das doch schon beachtlich.

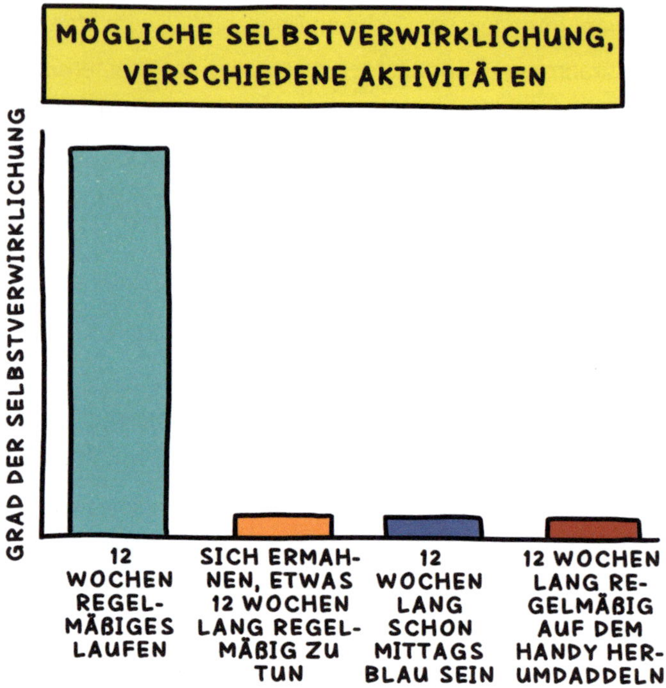

Klar geht es auch um die bewältigte Strecke, darum, wie du dich ausreichend mit Wasser versorgst, um das Erreichen der Ziellinie und vielleicht auch um dein Tempo und ob du es noch steigerst. Aber wenn du dich nicht auch auf menschlicher Ebene weiterentwickelst – nun, dann läuft irgendwas nicht ganz richtig.

Die meisten von uns sehen sich in vielen Lebensbereichen gezwungen, die Erwartungen anderer zu erfüllen. Deshalb darfst du dich beim Laufen ganz auf deine eigenen Hoffnungen und Träume konzentrieren.

MEB KEFLEZIGHI, Olympiamedaillen-Gewinner und Sieger beim New-York-City-Marathon, *Meb for Mortals: How To Run, Think, and Eat Like a Champion Marathoner*

11.
FÜRS LAUFEN GIBT ES KEINE »HACKS«

Weißt du, ich habe überhaupt nicht trainiert – habe mir einfach diese High-Tech-Laufschuhe gekauft und den neuen Energydrink probiert, und irgendwie habe ich das Rennen dann gewonnen.

Kein Mensch, niemals

Wie bei den meisten Sportarten gilt auch beim Laufen: Ohne Fleiß kein Preis. Die Gleichung, die man manchmal auch auf Plakaten in Fitnessstudios sieht, sieht so aus:

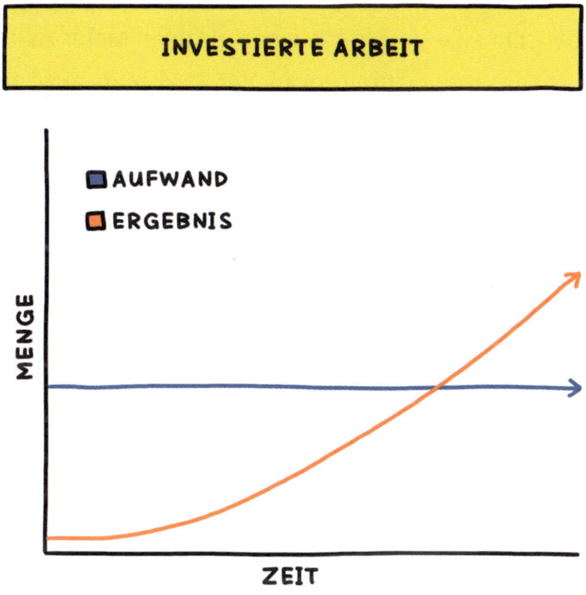

Wenn man viel Zeit und Mühe in das Laufen investiert, erzielt man in der Regel Ergebnisse. Klar gibt es sehr schnelle Läufer und weniger schnelle Läufer, aber alle geben ihr Bestes. Man denke nur an die Elite-Marathonläufer. Sie verlassen sich nicht allein auf ihr Talent, um zu siegen; sie laufen pro Woche zwischen 130 und 160 Kilometer. Vergleich das jetzt mal mit einem typischen »Anfänger«-Trainingsplan, der normalerweise bei maximal 65 Kilometern pro Woche liegt (und das ist immer noch jede Menge!).

Es gibt für jede erdenkliche Laufstrecke einen entsprechenden Trainingsplan. Bei manchen geht es darum, möglichst weit zu laufen, bei anderen läuft man weniger weit, dafür aber schnell – doch ohne einen einzigen Meter zu laufen geht es nun mal nicht. Zum Läufer wird man nicht durch eine Mitgliedschaft wie beim Meilen-Sammel-Programm einer Airline. Es reicht nicht, dass man einfach nur herumsitzt, Chips in sich reinfuttert, einen Netflix-Serienmarathon nach dem anderen hinlegt, zwischendrin ein, zwei Minuten zum Ausfüllen des Anmeldeformulars investiert, und schon ist man dabei.

Laufen erfordert Ehrgeiz und die ständige Bereitschaft, weiter zu investieren. Man tut es regelmäßig, damit man es auch weiterhin regelmäßig tun kann.

Für alles Mögliche stehen uns heute Hilfsmittel zur Verfügung, um besser, schneller oder sicherer zu werden. Ob es nun darum geht, Knoblauch zu zerkleinern, den Rasen zu mähen, das Haus sauber zu halten oder jede Form von körperlicher Betätigung noch besser zu beherrschen. Diese Produkte werden auf einem nächtlichen Shoppingkanal angepriesen, oder wir stolpern durch ein auffallendes Internet-Werbebanner darüber. Das Versprechen, das man uns da verkaufen will, sieht in der Regel so aus:

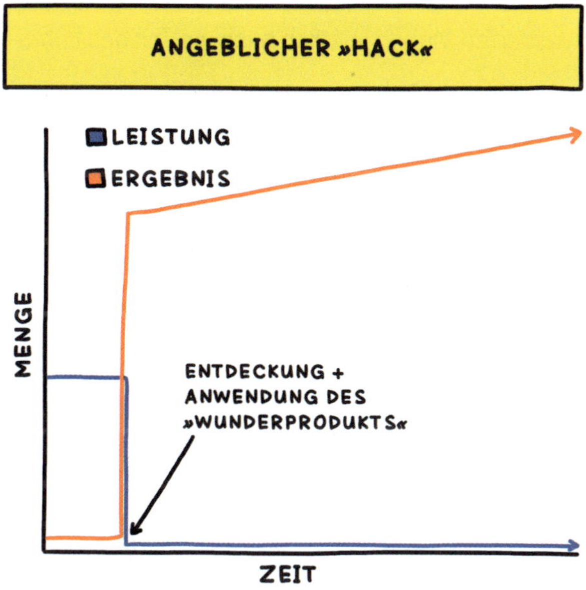

Beim Laufen ist es nicht anders. Viele Firmen preisen Dinge an, die beim Laufen hilfreich sein sollen: Schuhe, Kleidung, Wasserflaschen, Bluetooth-Kopfhörer, Massagegeräte, Faszienrollen sowie abgefahrene Astronauten-Drinks und -Trinkmahlzeiten. Nur leider gibt es noch keine Möglichkeit, andere dafür zu bezahlen, dass sie für uns die Trainingsläufe übernehmen, während wir die Erfolge einheimsen, ohne selbst auch nur einen Kilometer gelaufen zu sein. Ohne Anstrengung geht die Gleichung nun mal nicht auf. Und je mehr du läufst, desto deutlicher wirst du feststellen, dass die investierten Mühen letztlich auch ein Teil des Lohns sind.

DAS ZEN DES LAUFENS

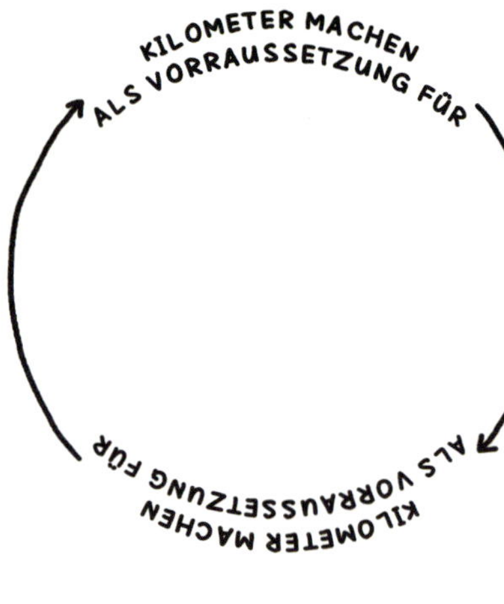

Wenn mich der Alltag einmal zu sehr fordert, um ans Laufen zu denken, gehe ich trotzdem raus und laufe, denn ich weiß, dass dann zwei Dinge passieren:

1. Nach fünf bis zehn Minuten verschwindet das Gefühl der Überforderung.
2. Laufen steigert meinen Optimismus. Wenn das mein Lohn für die in Kauf genommene Anstrengung ist, ist das doch topp.

Laufen ist die beste Metapher fürs Leben, weil du das rausbekommst, was du reinsteckst.

OPRAH WINFREY

12.
SCHEI%# AUF FLEISS

Willst du, dass etwas
erledigt wird, dann frage jemanden,
der sehr beschäftigt ist.

Unbekannt

Frage 1: Bist du beschäftigt?

Ich auch. Wer ist das heutzutage nicht?

Frage 2: Bist du zu beschäftigt, um dir Zeit zum Laufen zu nehmen?

Beantwortest du auch das mit einem klaren Ja, dann schließe ich daraus Folgendes:

a. Es ist wahr. Dann solltest du unbedingt für eine bessere Work-Life-Balance sorgen.

b. Es ist gelogen. Vielleicht nur ein klein wenig, vielleicht auch ganz dreist.

Und jetzt hör gut zu: Du machst nicht nur mir etwas vor; du lügst dir auch selbst in die Tasche! Du hast nur das Gefühl, keine Zeit zu haben, und sehr wahrscheinlich bemühst du dich auch gar nicht sonderlich darum, dir die Zeit freizuschaufeln. Also Hand aufs Herz: Bist du wirklich zu beschäftigt, oder könntest du dir in Wirklichkeit doch ein Stündchen Zeit nehmen?

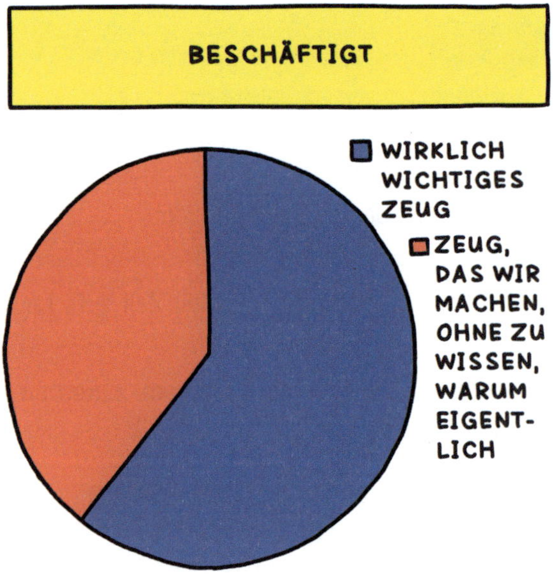

Keiner redet davon, sich Zeit freischaufeln zu müssen, um sich mehr mit den Apps auf dem Smartphone zu befassen. Und trotzdem schaffen wir es, je nach herangezogener Statistik, uns täglich zwischen anderthalb und fünf Stunden mit unseren Handys zu beschäftigen. Woher kommt plötzlich all die übrige Zeit?

Hast du auch schon mal kurz was auf dem Handy nachgeschaut und dann erstaunt festgestellt, dass dabei eine Dreiviertelstunde rumgegangen ist? Klar, ich auch nicht. Okay, ich gebe es zu, das kommt schon vor. Ich nehme mir die Zeit, ganz unbewusst, in kleinen Häppchen. Bin ich beschäftigt? Natürlich fühle ich mich sehr oft gestresst und kann mich vor Aufgaben kaum retten. Aber gehe ich wirklich effektiv mit meiner Zeit um? Tja, manchmal schon. Könnte ich noch besser darin werden? Absolut.

WIE MAN EINEN 45-MINUTEN-LAUF IN EIN 3-STUNDEN-ZEITFENSTER QUETSCHT

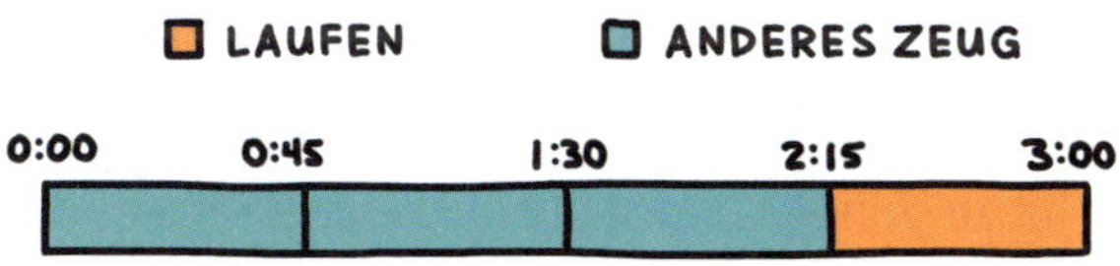

WIE MAN EINEN 45-MINUTEN-LAUF IN EIN 60-MINUTEN-ZEITFENSTER QUETSCHT

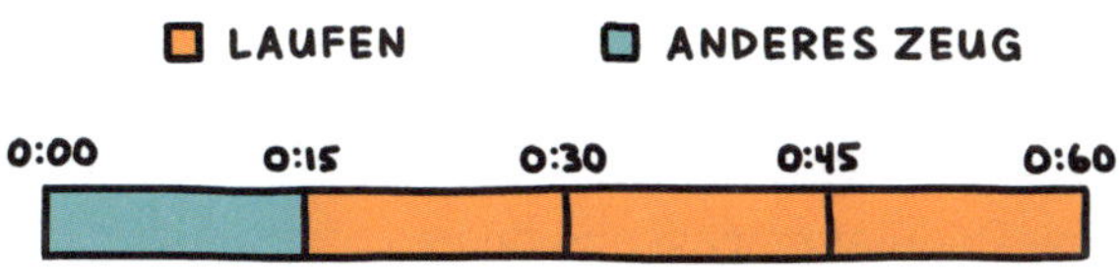

Wenn du denkst, du hättest viel zu tun, sieh dich um. Ich wette, du findest jemanden, der noch weniger Zeit hat als du, sie aber besser nutzt. Schauen wir uns zum Beispiel Liza Howard an. Howard ist Lauftrainerin, Mutter zweier Kinder im Grundschulalter und professionelle Ultramarathon-Läuferin. Ihr ist es gelungen, die nötige Zeit fürs Training aufzubringen – auf dem Laufband und für kleinere Runden durch die Nachbarschaft, wann immer sie kann, wo immer es gerade geht. Damit hat sie in den vergangenen Jahren mehrere 100-Meilen-Läufe gewonnen. »Man kann das mit einem Schneeball vergleichen, der immer größer wird, wenn er den Hang hinabrollt«, sagt sie. »Jedes kleine bisschen zählt.«

Du musst dir gar keine Wahnsinnsziele stecken. Unser Leben unterliegt ständigen Veränderungen, Dinge geschehen, und nicht jedes Jahr eignet sich gleich gut, um alles unter einen Hut zu bringen und sich Laufziele zu setzen, die sehr viel Zeit erfordern. Wenn in deinem Alltag ohnehin schon viel zu viel los ist, ist es vielleicht besser, du fährst ein wenig runter und läufst nur so viel, dass du dein grundlegendes Fitnesslevel beibehältst. Oder wenn du gerade von null anfängst, versuchst du eben, regelmäßig kleinere Laufeinheiten in deinen Tagesplan einzubauen.

Ganz gleich, welches Ziel du verfolgst – wenn du Laufen zu deiner Priorität machst und du es wirklich willst, wirst du die Zeit dafür finden, und wenn es nur kurze Einheiten sind. Stelle dich deiner Überzeugung, du wärst zu beschäftigt. Und dann zeig der Überzeugung den Mittelfinger, und nichts wie raus mit dir an die frische Luft!

Irgendwann heißt nie.

Unbekannt

13.
LIEBEN UND MÖGEN SIND ZWEI PAAR SCHUHE

Im Regen Fahrrad fahren ist wie eine schlechte Beziehung. Ich mag es nicht, aber ich liebe es.

JASON »WOODY« WOOD

Wenn ich vor Publikum über die Parallelen zwischen Arbeit und Ultrarunning spreche, bitte ich die Zuhörer gelegentlich, die Hand zu heben, wenn sie Kinder haben. »Okay«, sage ich dann, »jetzt behalten Sie die Hand oben, wenn Sie Ihre Kinder lieben.«

Natürlich bleiben alle Hände oben.

»Na schön«, mache ich weiter. »Hände hoch, wenn Sie Ihre Kinder jederzeit hundertprozentig liebhaben.«

Jetzt wandert ein Großteil der Hände nach unten, und die Leute lachen verschämt. Dann nehme ich die Personen ins Visier, deren Hände immer noch oben sind, und sage ihnen direkt ins Gesicht, dass wir alle wissen, dass sie schwindeln.

Wir alle mussten vermutlich irgendwann erkennen, dass wir einen Menschen, den wir lieben, nicht zwangsläufig immer mögen – selbst die vernarrtesten Eltern sind von ihrem eigenen Nachwuchs nicht rund um die Uhr hin und weg. Was völlig in Ordnung ist, denn jemanden oder etwas zu lieben ist nicht das Gleiche, wie diese Person oder Sache zu mögen. Man kann seinen Job lieben, ohne die Berichte zu mögen, die man Woche für Woche schreiben muss, obwohl man genau weiß, dass der Chef oder die Chefin sie ohnehin nicht liest. Man liebt die eigenen Kinder, auch wenn sie oft Blödsinn anstellen oder sogar kostspieligen Schaden anrichten (sorry, Mom).

Liebe könnte also in Bezug auf die eigenen Kinder oder die Lieblingsfußballmannschaft oder den Job so aussehen:

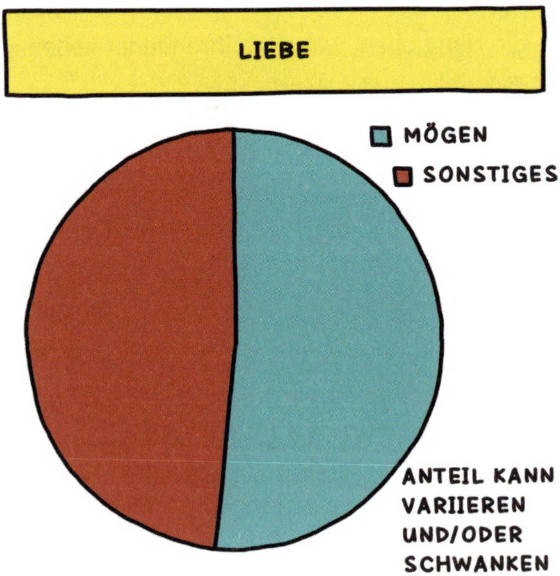

Wenn meine persönliche Erfahrung irgendetwas beweist, dann dass wir das Laufen lieben können, ohne es immer zu mögen. Das wird vermutlich sogar den Großteil der Zeit der Fall sein. Ich mag es, wenn ich gelaufen bin. Aber ob ich das Laufen an sich wirklich mag, steht auf einem anderen Blatt. Die ersten 50 Minuten finde ich immer grauenvoll, so viel steht fest. Danach legt sich bei mir normalerweise ein Schalter um, und dann genieße ich es eine Zeitlang sogar. Mein Tortendiagramm in Sachen »Laufliebe« müsste also so aussehen:

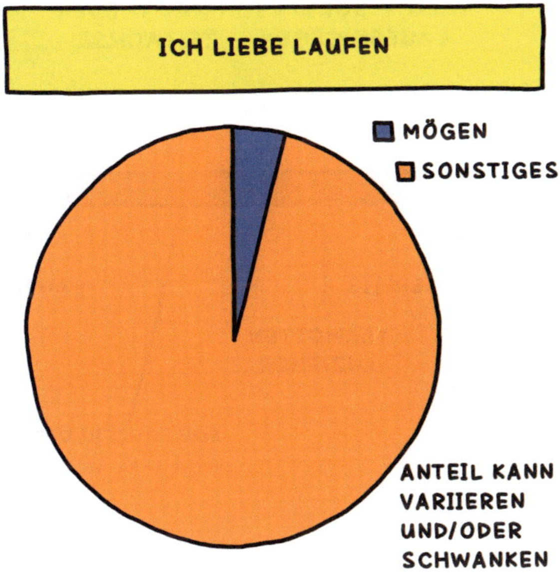

Natürlich entwickle ich nach einer Weile Laufen auch ein klein wenig Spaß daran. Aber zu Beginn ist meine Begeisterung jedes Mal ungefähr so groß, wie wenn ich Zahnseide benutzen muss. Vielleicht brauche ich deswegen immer eine halbe Ewigkeit, bis ich es zur Tür raus schaffe und die ersten Schritte laufe, und das, obwohl ich meist schon seit einer halben Stunde fertig angezogen und startklar bin (okay, ich gebe es zu, manchmal zögere ich es sogar bis zu einer Stunde hinaus).

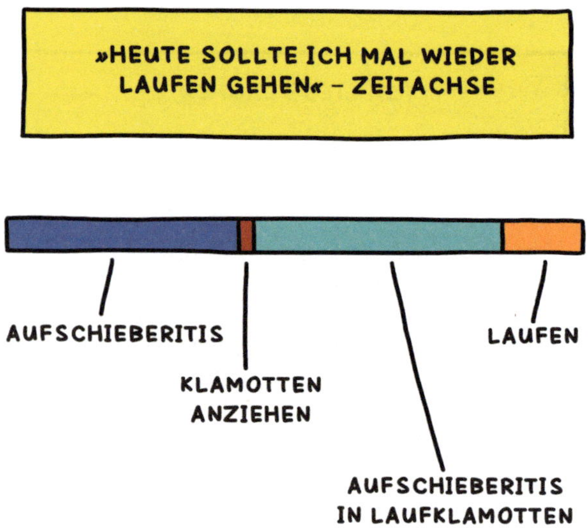

Sich in das Laufen zu verlieben ist etwas ganz anderes, als sich in einen Menschen zu verlieben. Denn beim Laufen fehlt der Part, wo man dieser Person »verfällt« oder wo einem beim dritten Date klar wird, dass man noch 1000 weitere Dates mit diesem einen Menschen haben will.

Mit dem Laufen anzufangen ist weniger Liebe auf den ersten Blick als ein mühsames Reinkämpfen in die Liebe. Man fängt damit an, findet es scheiße, aber man fühlt sich gut, wenn man es hinter sich hat. Also wiederholt man das Ganze so lange, bis man feststellt, dass es doch gar nicht so übel ist. Man genießt diese Phase, wo es gar nicht so übel ist, und irgendwann fängt man dann an, es ein klitzekleines bisschen zu mögen. Und eines Tages stellt man fest, dass man nicht mehr ohne Laufen leben kann und dass man es, so seltsam es klingt, vielleicht … sogar liebt.

Auch die Liebe ist oft Interpretationssache, was offensichtlich wird, wenn man sich überlegt, wie viele Songs darüber geschrieben wurden. Es gibt gewisse Parallelen zwischen dem Laufen und der Liebe zu einem anderen Menschen: Man stürzt sich Hals über Kopf hinein, man will zu viel auf einmal, man vernachlässigt es unbewusst, es entsteht eine jahrelange On-Off-Beziehung daraus oder es ist ein treuer Begleiter, in guten wie in schlechten Zeiten. Das Laufen aber wird dir niemals mit dem Anwalt drohen, dich niemals vor Gericht zerren oder dich für einen viel jüngeren Personal Trainer verlassen. Deine Laufliebschaft gleicht vermutlich keiner anderen, und das ist völlig in Ordnung, weil du selbst die Regeln festlegst. Du allein bestimmst über den Verlauf der Beziehung.

EPILOG

ES GIBT KEIN RICHTIG ODER FALSCH

Klar kann einem angst und bange werden, wenn man sich ansieht, was man beim Laufen alles bedenken soll: Wie oft soll ich laufen? Welche Schuhe trage ich dabei? Was esse ich vor/während/nach einem Lauf am besten? Wie schnell soll ich laufen? Soll ich mich an ein festgelegtes Trainingsprogramm halten?

Wenn du mal ein paar Minuten im Internet surfst und dich durch die einschlägigen Seiten zum Thema Laufen klickst, wirst du merken, dass die Sache mit dem persönlichen Trainingsprogramm einen maßlos überfordern kann. Ich will nicht so tun, als wüsste ich genau, was gut funktioniert, aber es gibt durchaus ein paar Tipps, die für alle Läufer gleichermaßen gelten. Alles, was ich übers Laufen weiß, habe ich mir mühsam in einem langwierigen Versuch-und-Irrtum-Prozess erarbeitet. Meine wichtigste Lehre daraus ist: Nimm die Sache nicht zu ernst. Gehe, wenn dir danach ist. Iss, wenn du es für nötig hältst, und wenn dich das, was du gegessen hast, beim Laufen panisch nach einem Klo Ausschau halten lässt, lass das nächste Mal die Finger davon. Langsam erkenne ich den Unterschied zwischen normalen Wehwehchen und echten Verletzungen, und genauso weiß ich mittlerweile, was ich anziehen muss, um auch bei klirrender Kälte oder der größten Gluthitze laufen zu können.

Ich bin mir sicher, jeder Läufer und jede Läuferin ist anders und verändert sich im Lauf der Zeit, aber eines haben wir gemeinsam: Wir lernen ständig dazu, selbst wenn wir schon seit vielen Jahren, vielleicht sogar Jahrzehnten, laufen.

Und auch als Anfänger darfst du eins nicht vergessen: Das Laufen liegt uns in den Genen. Wir Menschen laufen seit Tausenden von Jahren, und dein Körper weiß also im Grunde ganz genau, was er zu tun hat. Mit der Zeit wirst du deine Erfahrungen sammeln und dich verbessern. Meiner Meinung nach lernt man am besten, indem man es versucht, ganz einfach. Und genau das habe ich getan. In diesem Sinne: Wir sehen uns, irgendwo da draußen!

QUELLEN

Ich bin einfach nur ein stinknormaler Typ, der gerne längere Strecken läuft. Ich bin weder Laufcoach noch Ernährungsberater oder Arzt. Die folgenden Quellen helfen dir vielleicht, Antworten auf technische Fragen im Zusammenhang mit dem Laufen zu finden, egal ob entspannte Feierabendrunde oder Ultramarathon.

BÜCHER

McDougall, Christopher, *Born to Run: Ein vergessenes Volk und das Geheimnis der besten und glücklichsten Läufer der Welt,* Karl Blessing Verlag (2010).

Roche, David und Megan, *The Happy Runner: Love the Process, Get Faster, Run Longer,* Human Kinetics (2018).

Powell, Bryon, *Relentless Forward Progress: A Guide to Running Ultramarathons,* Breakaway Books (2011).

Galloway, Jeff, *Die Run Walk Run Methode: Jeder kann laufen,* Meyer und Meyer Verlag (2016).

Smith, Sarah Lavender, *The Trail Runner's Companion: A Step-by-Step Guide to Trail Running and Racing, from 5Ks to Ultras,* Falcon Guides (2017).

Robert, Ryan, *The Ultimate Beginner's Running Guide: The Key to Running Inspired,* CreateSpace (2013).

PODCASTS

Achilles Running
Go Girl! Run!
Runner's World
FatBoysRun
Auslaufen
Runskills

INTERNETSEITEN

www.irunfar.com
www.runnersworld.de
www.trailrunning.de
www.trailsisters.net
www.ultrarunning.com
www.ultra-marathon.org
www.womensrunning.com
www.gogirlrun.de

DANK

Mein Dank geht an Judy Pray, Bella Lemos, Jane Treuhaft, Carson Lombardi und das restliche Team bei Artisan Books. Ihr habt dieses Buch Wirklichkeit werden lassen, sodass ich meine Gedanken mit anderen Menschen teilen kann.

Danke an alle meine Freunde, die mich in den vergangenen Jahren über viele Kilometer begleitet haben, während mir die Ideen zu diesem Buch nur so durch den Kopf purzelten: Jayson, Forest, Syd, Nick, Brody, Dave, Hilary und Rowlf.

Und ich danke meiner Mom, Kathy, der ersten Läuferin, der ich in meinem Leben begegnet bin. Sie hat mich eine Zeitlang ihre alten Asics-Laufschuhe tragen lassen (ungefähr 1991, als wir für ein paar kurze, magische Monate die gleiche Schuhgröße hatten), sodass ich mich zur Abwechslung mal wie ein richtiger Läufer fühlen konnte.

REGISTER

T

U

V

W

Z